不忘初心

在佛陀的故鄉所看到的盡是無常與病苦，義診團隊懷著感恩前往偏鄉村落，哪怕是頂著烈日在戶外看診，哪怕是路途阻隔須步行好遠……。

連廁所都沒有的義診點、看診室設在凌亂的雜物堆旁，配藥處設在牛棚旁邊，醫師在狹窄的走廊須彎著腰或蹲著針灸，義工站一整天配藥等考驗，都毫不退縮。

我們願作菩薩的一雙巧手，盡最大的力量爲更多人拔苦予樂。

增上道心，漸與佛同

佛光山宗長
心保

二〇一九年十月十九日起，為期十三天的印度祝福關懷之旅展開。這次有因緣能到印度一趟，萬緣具備外，感到歡喜非常。回到佛陀的故鄉，更能夠了解佛陀當時在印度的情形。接觸大地，景物所及，與佛接心，感受佛的大慈悲，降旦人間，實在難能可貴，稀有難得。

幾場幾地的三皈五戒，看到佛教在印度的希望，心、佛、眾生三無差別，覺悟的人就是佛，我們的本心就是佛，我們本來的悲心智慧，本自具足，能夠提醒自己，才能增上道心，漸與佛同。

來到德里的沙彌學園，也感到深切的感動。沙彌的教育，當然不容易，每個沙彌在這艱難的環境，除了上課學習之外，還要典座勞動，學習種種的度眾善巧，自動自發、自立自強，深耕沙彌學園，在當地受到肯定的信譽。

教育是長久之計，十年樹木，百年樹人。勉勵沙彌，經得起風霜雨雪，耐得住冷熱酷寒，茁壯長大，在佛光山星雲大師不忘初心的提醒下，再次光大佛教於印度。

盡心盡力培養好苗子

佛光山泰華寺住持
心定

我們的師父上人星雲大師，五十多年前開創了佛光山，他的慈心悲願是要「佛光普照三千界，法水常流五大洲」。現在遍布在全世界五大洲的三百多家佛光山道場，已經落實了師父上人的慈心悲願，靠一個人打拚出來的教團，真的是前無古人，後無來者了。

在三百多個分院道場中，印度的三個道場是比較特別的。一是加爾各答禪淨中心，妙如法師在那裡照顧華僑信徒，同時教導一些女青年，陸續送到臺灣佛光山教育系統深造。

二是在菩提伽耶，釋迦牟尼佛成道的那個地方，是佛光山印度女子佛學院，附設育幼院，由妙軒法師和幾位女眾法師照顧學生及孩子，都很有教性，很有善根，前年十二月分，全院的學生及孩子，一起受三皈五戒。

三是在德里郊區的佛光山德里文教中心，由慧顯法師負責。這是佛光教團屬下一個非常特別的單位，有什麼特別呢？要請讀者諸君用心閱讀這本「沙彌日記5」《隔離線外的風景——跋山涉水見證慈悲的腳印》，就會讓你感受到非同凡響，非常特殊的教育方式，感動、歡喜、讚歎與敬佩！

沙彌日記第五集，慧顯法師特別邀請香海文化編輯部來採訪、出版，重點是以沙彌參與慈善義診隊的心得報告為主。沒有想到香海編輯人員，閱讀了沙彌們每年隨義診隊參與義診的心得報告，深受感動，就將星雲大師要在印度散播佛教的菩提種子的悲心悲願，追溯其歷史，所以由本書的第一篇「交會在印度」，第二篇「我的小沙彌」，進入到沙彌學園的成立、招生的過程，教學的善巧方便，展現出每一位老師的無限慈悲、無比的耐心、不退轉的堅持。有些狀況會令人心酸，有些地方會令人歡笑，有些情況會令人敬佩不已！

第三篇「慈悲的腳印」，才進入義診的主題，不論是醫師、義工、沙彌，他們救苦救難的菩薩精神，是真真實實的人間菩薩，沙彌們竟然可以擴充作醫師與患者之間的翻譯家，學會了清洗傷口、敷藥包紮、配藥、包藥、也學習認識針灸。在偏遠貧窮的部落，一生都沒有看見過醫師是什麼樣的人，對這些協助醫師的沙彌也幾乎會奉為神明，這些村民，不可能視小沙彌們為「密醫」、是「蒙古大夫」，對所有的醫師、義工、小沙彌們都充滿了感恩的眼神與表情。

第四篇才真正是「沙彌日記」，天真而實際的表白，他們從參與慈善義診隊中，看到很多貧窮、疾病、痛苦的生命，看到無奈、無助的眼神，使他們更加珍惜自己已經翻轉的生命，更激發他們「眾生無邊誓願度」的菩提心。如慧顯法師說的：「在教室，說了一千遍慈悲、一萬次慈悲，都不如他們親眼見到疾病、痛苦的眾生相，徹底的明白，什麼是慈悲，但願眾生得離苦，不為自己求安樂。」

我希望人人都能有緣看到這本書，尤其是佛光人，看了這本書以後，更會明白人間菩薩教化眾生的善巧方便！也明白在印度培養好苗子是那麼樣的不容易。

感動到想哭

《護生畫集圖文賞析》作者
林少雯

香海文化採訪團隊，不畏溽暑，由執行長妙蘊法師帶領，總編輯賴瀅如和作者林少雯隨行。為撰寫《隔離線外的風景》一書而來到印度。五十度的高溫，化為熱浪，在印度各地蒸騰著。異常的高溫，連續幾天還上了國際新聞版面。

我們先靜下心來追隨佛陀的腳步，虔誠的朝禮聖地，佛陀在我心深處，不斷為我們加持，我們也感受到佛陀希望在印度復興佛教的心意，星雲大師也發願要找回兩千多年前佛陀在印度大地上所弘揚的聖教，讓慈悲願行的步履重踏斯土。我們專程前來採訪德里沙彌學園的沙彌們，他們正是佛光山為復興佛教所培養的小小幼苗。

我們在聖地的陽光下打坐，在聖地古蹟磚塊上靜思。心靜了，心中只有佛，感覺不到空氣是熱還是涼。在與佛印心的過程中，感受到佛力加被和佛陀對沙彌們的期望。

然後，帶著寧靜的心，我們飛回德里。德里氣溫五十度。慧顯法師說，德里沒有真的五十度啦，氣象局說體感溫度只有四十六度。

夏天在五十度高溫，冬天在一度低溫中學習和生活，沙彌學園的法師、老師和沙彌需有超強的耐力，既要耐熱也要耐寒，這也是一種修煉吧！不是捨不得開空調，而是這裡缺電，用電超過限量即會遭到重罰。

採訪過程中，學園的法師、老師和沙彌們，以及園內的一草一木，都堅強到令人想哭，思及此，啊！眼淚真的忍不住掉下來了。

來到這裡，慧顯法師少不了給我們排課，我們也藉著給沙彌上課的機會，更近距離觀察和了解沙彌的學習態度和程度。沙彌們除了上印度一般學校課程中的世間學，也上佛學課和學習各種梵唄唱誦。我們給沙彌講課時了解到他們的中文程度，他們學習了中華文化中的儒家和佛家思想，也認真學習印地文、英文和巴利文。

沙彌學園成立將十年了，沙彌漸漸長大，個個威儀出眾，從出版過的四部「沙彌日記」中，我們也看到沙彌的成長，從小可愛到現在的自在莊嚴，他們的心改變了，因為灌注了人間佛教的精神內涵。

在這部新出版的日記中，沙彌的境界高了，我們可以從書中一窺究竟。沙彌絕不是一轉眼之間就長大了，而是佛光山澆注了多少心血栽培出來的。香海採訪團隊一趟印度行，看到慧顯法師帶領著老師們如何茹苦含辛的、如何夜以繼日的、如何廢寢忘食的、如何一心一意的教養著每一位沙彌……如同愛惜一株株嬌嫩的小幼苗那樣，日日澆水、時時關心、刻刻觀察，那種呵護幼苗成長的不眠不休，令我們敬佩，也讓我們感動到無言！

從一篇沙彌的日記中，我們即可了解他們是否長大了：

如果有人問我參加義診是「修行」嗎？我的答案是「當然是！」。

一、付出時間和體力，這是「布施」。

二、用「慈悲心」去面對一切有理、無理的人和事，這是「持戒」。

三、接受生活種種的不便，這是「忍辱」。

四、七場義診，每天服務十小時，這是「精進」。

五、藥局在處理病患的藥時要專心計算，不能有錯，這是「禪定」。

六、要處理「黃牛票」的事要用「般若」。

請問這點點滴滴不是「修行」，那是什麼呢？

讀這樣的一篇日記，我們就知道佛光山所栽培幼苗茁壯了，沙彌長大了、懂事了，佛光山要在印度復興佛教的願力，是指日可待的。

目次

目次

沙彌日記

「這次是要去位於北方邦西部的 Badaun 縣服務。印度獨立七十一年來，從來沒有人到過這個地方舉辦義診，我們是有史以來，第一支『中醫』義診隊，來關懷當地村民。原來，我們大家都在為佛教、為自己寫歷史。兩千六百年前佛陀曾經到過這個地方休息七天，那麼巧我們也打算在這裡進行七天的義診服務，我覺得我們跟佛陀非常的相應。」

二〇〇八年慧顯法師銜師命赴印度德里文教中心，在二〇一〇年的公益活動中得知偏遠山區佛陀後裔釋迦族的存在，即向星雲大師報告，大師指示成立印度沙彌學園，培育印度新一代僧伽，致力復興印度佛教，開始招收北方邦釋迦族男孩就讀，第一屆共有五位沙彌出家，由當時佛光山住持心培和尚剃度。兩年後，禮請長老心定和尚前往傳授沙彌戒法。二〇二〇年沙彌學園創辦將滿十年，至今學生已擴及印度六個省，培育沙彌八十九位，其中已有九位沙彌畢業後到台灣、中國及泰國念大學。

在一千多年後，釋迦族人再度出家爲僧，擔起佛教在地化，以及將來在印度復興佛教的重責大任，爲佛教史上再添重要的一頁。

交會在印度

來了來了 印度佛光山來了

印度，如月照臨的宗教聖境。因為有月，夜晚因而明亮，可以指引人們前行的路，趨向光明。印度，是個不可思議的地方，是一個要用慈心佛眼來看待的國家。

印度佛光山來了。佛光山在全世界有三百多個道場，遍布全球五大洲，其中有三個據點在印度，分別是新德里的德里文教中心，有印度沙彌學園和印度佛光文化出版有限公司；位在菩提伽耶的佛光山印度佛學院和佛光伽耶育幼院；加爾各答的佛光山加爾各答禪淨中心。其中的佛學院和沙彌學園，是佛光山積極培育佛教僧才，為復興印度佛教的重要基地。

一九九一年星雲大師第五次法駕印度，那次大師帶領朝聖團朝禮聖地，開始有了在印度興建道場的願想。一九九二年大師受邀前往拉達克參加摩訶菩提國際禪修中心落成活動，看到當地孩子缺乏好的教育，因此發願每年提供十個名額到台灣佛光山就學。那時的佛光會名為鹿野苑協會，六年後，因緣成熟、願望成真，一九九八年加爾各答禪淨中心正式啟用，為佛光山在印度的第一座道場。

佛光山開山宗旨中，「以文化弘揚佛法、以教育培養人才」列前二項。佛教在印度已式微，星雲大師希望佛教可以在印度復興。要在印度復興佛教，跟在世界各國弘揚佛法一樣，必須培養僧才，而且佛教要在地化才能長久。

大師說到做到，一九九九年佛光山印度佛學院成立，培育本土女眾僧才。在歷任法師多年的努力下，二〇〇五年印度佛學院從加爾各答搬遷至菩提伽耶，之後成立佛光伽耶育幼院。

二〇〇八年慧顯法師銜師命赴印度德里文教中心，二〇二〇年沙彌學園創辦將滿十年，至今學生已擴及印度六個省，培育沙彌八十九位，其中已有九位沙彌畢業後到台灣、中國及泰國念大學。

在慧顯法師帶領下，德里文教中心結合西醫和中醫團隊到偏鄉辦義診服務將滿十年；更難得的是沙彌也參與義診服務，協助翻譯、行政、用藥解說、傷口處理、包紮等工作，並在醫師指導下學習認識針灸治病。沙彌學以致用，回饋鄉里，家鄉父老深以為榮。課堂移至戶外，參與義診讓沙彌體悟真實的人生，親眼見到人生場景中的病苦、無奈和無常，慈悲心油然生起，比起在教室裡講一千遍慈悲還要有用。

德里文教中心的義診活動及沙彌學園培育佛教僧伽，引起各方關注，印度東北方特理普拉邦（Tripura）南傳佛教教團的住持 Dhammapiya 比丘，是印度國際佛教聯盟秘書長，也是印度特理普拉大學教授。為了佛教，他甚至從自己的僧團挑選沙彌，由他弟弟 Khemachara 送到佛光山沙彌學園就讀，南北傳佛教在印度的交會，也是佛教史上的一大美事。

到了到了 沙彌學園到了

從機場往此行的「家」前進，車子奔馳在街道上，透過窗玻璃，仍然能感覺到窗外的溫度，道路像海市蜃樓般蒸騰出一股股看似透明，卻又見得到扭曲線條的熱氣。在熱浪護送下，車子駛入郊區，循著一條小路拐個彎，到了，我們到佛光山德里文教中心；到了，我們到沙彌學園了。

沿著又高又瘦的桉樹車道開進去一小段路，映入眼簾的是一大片草坪，綠油油的草地，在陽光下發出瀅瀅綠光，令人頓感清涼。

草坪盡頭有一座搭建起來的台子，是辦活動時的講台和舞台。拾級而上，哇！有七級喔！台子的左右兩邊掛著「諸事吉祥」的大幅紅色布簾，偌大的舞台以一幅佛陀紀念館照片為背景，超級大幅，跟舞台一樣長一樣寬，真的好大！大佛端坐中央，本館坐落佛的前方，八塔分立兩旁，我們是回到家了嗎？是的，德里文教中心是位於印度佛光人的家。這個家有文教中心、沙彌學園和印度佛光文化。

這塊位處德里郊區的地，是妙如法師在二〇〇七年買下來的，隔年慧顯法師來到這裡，文教中心已經成立，但還沒規劃。於是慧顯法師先辦了一些成長課程，也成立大學生青年團到偏鄉辦公益活動，更進一步結合醫師辦義診。過了兩年，大師指示辦沙彌學園，二〇一〇年六月沙彌學園成立，開始招生上課。二〇一一年七月成立印度佛光文化。

德里文教中心這一片土地上，除了青翠欲滴的大片草地，還有大樹圍繞，辦公室、教室、房舍、寮區、球場、花園、觀音廣場和荷花池，環境寧靜優美，空氣新鮮潔淨，宛若世外桃源。教室內不時傳來琅琅讀書聲和各種柔美優雅的琴聲及咚咚鼓聲，那是沙彌在讀書和彈奏樂器。

來到這裡全部平等

為散播菩提種子，為弘揚佛法，為復興印度佛教，創辦了佛光山印度沙彌學園。沙彌學園剛成立時，第一屆學生招募了釋迦族後裔來就讀，第二屆開始都是主動來報名。外界看到沙彌學園的臉書（facebook），從一月

諸事吉祥
諸事吉祥

隔離線外的風景

就開始打聽進入沙彌學園的就讀資訊。對有興趣就讀的，由當地的聯絡人為我們先行篩選，不符合的就不必讓他們千山萬水白跑一趟。路途遙遠，每次至少坐一天一夜的火車才能到達，從東北方來的甚至要坐三天的車，有的還要坐汽車轉火車再轉飛機，才能到達德里。

印度教的種姓制度分成四個等級：婆羅門、剎帝利、吠舍、首陀羅。「種姓制度」是逐漸形成的社會制度。婆羅門是印度四大階級中的最高等級，他們從事宗教事務，如擔任祭司等；婆羅門與剎帝利是屬於貴族階級，是社會的統治者，如地區性土王、武士等；第三階級的吠舍，包括商人、農人、工匠；第四階級是社會中從事低賤工作的人，他們通常也是其他三種姓的奴隸。四大階級之外，社會中最低階層的賤民，為四個種姓以外的人，被歸為「外人」或「外階級」。

有人關心的問，印度的種姓問題，在沙彌學園會造成困擾嗎？慧顯法師說，我們面對的不是種姓制度階級的問題，而是不同種族的問題，但這些問題都沒有在學園發生。沙彌來此之前本身都有種姓階級的問題，來到這裡全部平等，和樂的生活在一起。

佛光山沙彌學園在印度已成為「名校」，慧顯法師對沙彌因材施教，沙彌也個個是精英，這些聰明伶俐、吃苦耐勞、認真學習、歡喜出家，以弘揚佛法為志向，以在印度復興佛教為使命的佛門新血，真叫人萬分感動！

我們要好好栽培他們

「沙彌出家的道心能撐多久？」是慧顯法師最常被問到的問題之一。世間難免以世俗的眼光來看待事物，對這樣一所專門栽培沙彌的學園，抱著疑惑的眼光，擔心的是沙彌到了青少年期，生理在發育和變化，賀爾蒙激增，會不會凡心大動，不想當和尚了？不管多麼尊敬師長、多麼喜歡和同儕一起學習和相處，但仍不敵那蠢蠢欲動的俗世情緣，放棄師公給他們慈示中的第一條：我要終生做和尚。

日日夜夜都與沙彌生活在一起，沙彌學園院長慧顯法師，既是法師也是老師、父母和管家，這多重身分，讓他得以日夜觀察沙彌的舉手投足、一言一行，甚至進入他們的內心世界。他說，目前依我們的觀察，沙彌真心真意，一心要出家當和尚，他們很有使命感，將來個個都要在印度復興佛教、個個都知道自己學習的目的和使命。

星雲大師給了五項慈示，就掛印在沙彌學園的牆上：一、我要終生做和尚。二、佛光山是我的家。三、我要復興印度佛教。四、我要弘揚佛法傳遍世界。五、我要安住身心。

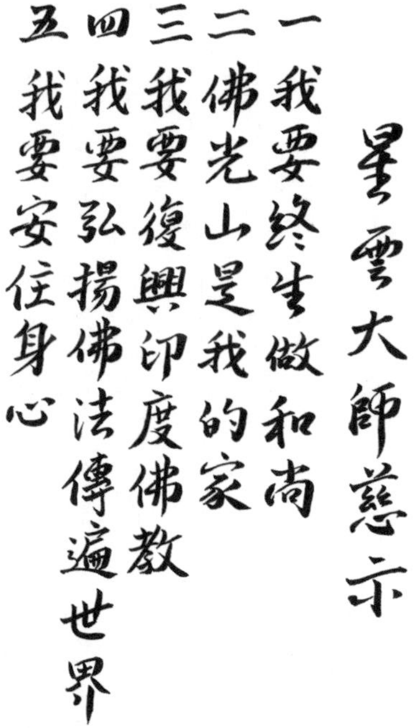
星雲大師慈示
一我要終生做和尚
二佛光山是我的家
三我要復興印度佛教
四我要弘揚佛法傳遍世界
五我要安住身心

大師的五項慈示，看去簡單明瞭，對來自印度的沙彌來說，他們所學到的中文，足夠了解牆上的每一個字，那五句話總共只有三十八個字，沒有生澀的字眼，沒有過度描繪和堆疊的詞語，但……要做到五項中的任何一項，都不是那麼容易。沙彌他們有雄心壯志，但他們真的完全了解這三十八個簡單的中文字裡面所包含的意義嗎？

是的……處於俗世的我們，是滾滾紅塵中的在家人，是在俗事俗務中打滾的眾生，難免有這樣的疑問。

每個想要出家、想要弘法，而且能終生無悔，並以此為榮，又剛好有因緣可以從小就出家成為沙彌，這種際遇，絕對不是偶然的，真的是宿世受佛陀和自己前世感召而來的。

出家不易，那是大丈夫的行為，不是一般人能做到的。現代的法師，不論男眾或女眾都是大丈夫，已經不是從前古佛青燈伴我餘生那種悲情絕望、人生受挫了無生趣的出家。現今的出家人是歡喜的出家，弘法度眾，他們服務大眾，引導眾生趣向佛法，擦亮眾生眼睛，心中充滿佛法，過著法喜充滿、幸福喜悅的日子，過著實踐人間佛教高品質的精神和生活。

對沙彌來說，他們真的了解出家的意義嗎？他們是父母親送來出家的？還是自願來出家的？他們的道心夠堅強嗎？

慧顯法師堅定的回答：不是我在影響他們，而是他們本來就具備這樣的特質。

慧顯法師觀察到，沙彌小的時候喜歡玩遊戲，像一般孩子那樣在玩，有時活活潑潑、打打鬧鬧，有時安靜閱讀或戴起耳機聽故事；跟俗世孩子不一樣的是，他們會把打坐當遊戲，他看到沙彌小小的身影，費力的把椅子墊高，坐在上面盤腿，擺出金剛座的姿勢，自己一個人玩打坐的遊戲。就這樣靜靜的坐在那裡，不言不語，一動不動，專心一意。看到這種情景，見到沙彌玩這樣的遊戲，「我們要好好栽培他們！」內心的直覺告訴他，這是沙彌宿世的因緣，接引他這一世再來當比丘。

沙彌學園成立至今，安住下來的有八十九位，這是未來佛教在印度的菩提種子。

入學離家千里遠

沙彌來到學園就讀時，約八、九歲，已經在家鄉當地入小學，是印度小學三年級的程度。他來之前先經過入學考試、面談和篩選，認為他有能力接受學園的課程訓練，才接受他。

經過慎選的沙彌，進到學園後，必須經歷適應期，才能知道自己適不適合留下來。經由篩選，老師知道他有能力接受訓練，但他對這裡的生活和管教若不喜歡，還是會打退堂鼓。適應期大約是一個半至兩個月時間，就能確定。

篩選時，面試也是一個關卡，從父母親跟孩子回答問題的談話，可以知道這個家庭的背景，以及父母親送孩子出家的動機。若覺得不符合學園的條件，面談當場就刷下來，會明白的告訴陪同前來的父母親，孩子沒被錄取。否則他們搭了一天一夜的火車來，若當場不決定，還要他們再來聽取結果，路途遙遠，來回一趟可不容易！

被錄取的孩子，進入學園就讀，經進一步仔細觀察，一個月以後，沙彌的習氣，老師幾乎都能掌握了；他喜不喜歡這裡的生活和環境，自己也很清楚了。不喜歡的一刻都待不住，想回家；能留下來的沙彌，就是能克服離家千里遠，克服跟在家處處不一樣的不便和陌生感，融入新環境，願意學習安排的課程，且真心誠意，真正想留下來學習及出家的。

沒有教不會的學生 只有不會教的老師

教養沙彌不容易，是一門極大的學問，這學問沒有一定的標準，面對不同的沙彌，得要隨機應變，因材施教。

慧顯法師說，星雲大師給學園一個很明確的指導方向，就是要用愛的教育、用啟發的教育來教導沙彌，給他們信心和鼓勵，陪他們成長。師父常說：「沒有教不會的學生，只有不會教的老師。」秉持師父的教育信念，以此當成最高指導原則，來對待每一位沙彌。

能有因緣來到學園的沙彌，都是與眾不同的，我們不會認為學不好的沙彌他就是笨的，而是老師自己要思維，為什麼這沙彌教不會，要用什麼方法引導沙彌，讓他聽得懂、讓他了解、讓他能接受，所以老師自己就要研究教學和管教沙彌的方法。有的沙彌不打不成器的，就要忍心去體罰他；有的沙彌打不得、罵不得，就要用柔和的方式去引導他，他才會聽進去。

慧顯法師舉一位沙彌為例。這位沙彌從小個性剛硬，那時八歲，才進沙彌學園不久，做錯事不肯低頭，罰他跪兩枝香照跪，沒問題；罰兩餐不給他吃飯，也沒問題，忍餓面不改色。用這些方式處罰他，仍然不認錯、不悔改，個性如此剛硬，真拿他沒辦法；但這位沙彌也不是壞，只是拗，不服氣。了解他的個性後，我們就跟他好好說、好好談道理，從內心調伏他。跟他好好說道理，他倒是肯聽，心軟了，聽進去，受教了，有一天他在日記上寫出經歷這件事的心情，老師看到日記的內容，能了解他是一位非常貼心的沙彌。我們檢討對這沙彌的管教，用強硬方式是沒用的，對這種剛硬個性的沙彌，不能硬碰硬，要來軟的。

每位沙彌背景不同，性情各異，每個人都是獨特的、唯一的，每位沙彌都是一本書，等著你、我去翻閱和認識書中的內容。

慧顯法師又舉個例子，他說有些沙彌會撒嬌，非常希望老師注意他。有一次，一位沙彌膝蓋撞了，紅腫一塊，跑來找他，他拿了藥膏幫沙彌塗擦患部，很多沙彌在一旁靜靜看著法師在幫同學擦藥，可是有一位沙彌就跑過來說他也要擦藥。慧顯法師笑著問那位沙彌，你怎麼啦？哪裡痛？沙彌說蚊子叮，腫一塊，癢癢。知道這是來撒嬌的，也不拆穿，就用蘆薈膏給他擦一下，這藥膏擦了無傷大雅，是一個安慰劑，適時的疼他一下，讓他覺得自己受到重視，沙彌就滿足了。

慧顯法師認為每位沙彌在家都是父母的心肝寶貝，來到這裡，我們也要像父母般疼愛，把他們當成心肝寶貝看待。

管教要有成效，方法很重要。慧顯法師時時謹記師父說的「沒有教不會的孩子，只有不會教的老師」這句話，常常拿出來咀嚼和應用。

第一次親屬會的肯定

沙彌的背景，有的家庭貧窮、有的家庭環境不錯。沙彌初到學園有些沙彌還不真正了解「出家」是什麼，後來逐漸能了解出家的目標，就是要復興印度佛教，成就佛道。

沙彌學園一切皆就緒上軌道了，慧顯法師覺得是可以辦親屬會的時候，於是正式辦了第一次親屬會。

在親屬會進行的過程，因為家長都肯定送孩子來出家這件事是正確的決定，孩子也確定自己是來出家，將來是要弘法的，慧顯法師覺得很感動。尤其在播放九位沙彌學長所錄製的留學心得錄音帶，家長和沙彌聽了都感動得掉淚。他們親子間用印地語交談：「因為我出家，所以將來也會有這麼光明的前途⋯⋯。」沙彌在佛光山出家，讓他們的父母肯定佛光山、肯定出家這件事。

每年佛誕節，沙彌的親屬約有兩、三百人來浴佛，這次因緣成熟了，十年樹木已成林，十年磨成一利劍，因緣具足了，沙彌的親屬現在也都成

十年樹木已成林，因緣具足了，沙彌的親屬也都成為佛光山的信徒。

為佛光山的信徒。沙彌學長即使已畢業，不在學園裡，他們的家長還是來參加親屬會。

學園的老師製作了「雲水三千」星雲大師的影像，由沙彌翻譯成印地文張貼在園區，當天由每位沙彌帶著自己的父母及親屬介紹他的師公，場面很溫馨，沙彌的親屬已深刻了解佛光山，也認識星雲大師了。

大白鯊其實很溫柔

沙彌學園的大家長慧顯法師，擔任著院長、老師和父親的角色，他笑稱自己是「大白鯊」。八十幾個孩子中，有的聰明、有的靈巧、有的頑皮、有的搗蛋、有的偷懶、有的計較……每位沙彌個性不同，脾氣各異，有的讓人放心、有的讓人氣得半死，很難公平對待每一位沙彌，總有讓人疼的、讓人惱的、讓人不知怎麼辦的……。

的確，每位沙彌都不同，有的很投緣，即使處罰他，還是跟你很親近，這樣的沙彌自然得人疼。的確，每位沙彌他都喜歡，但也管得嚴。有的沙彌因為個性關係，感覺距離較遠，「你怎麼跟我沒緣呢？」沙彌聽了這話會思考法師為什麼這麼說，就會想辦法來親近你，做個什麼來給你看或寫個什麼請你改，慧顯法師了解沙彌，也會想方法和沙彌親近，沙彌就能放下心中的掛礙。

慧顯法師跟沙彌的關係，是師生，也像是父子，但因為都是男生，孩子不會像黏媽媽那樣黏爸爸。孩子到了青少年期，身心都在發育，生理和衛生教育課程很重要，學園找外面的老師教，不足的就由擔任父親角色的慧顯法師教，這種課不能用宣導的，孩子會更好奇；慧顯法師說以前他們剛出家在學習時，報紙被剪得坑坑洞洞都沒辦法看，沙彌學園的報紙沒有剪，每一張都是完好無缺的。有一天一位沙彌在看報紙上的女性內衣廣告，看了好久，他沒注意到有人走到他的後面，這時慧顯法師湊過去，出聲問他：好看嗎？沙彌嚇了一跳。覺得好看也是正常的，只要能控制自己就好了。愈禁止他，他愈要去碰。他對沙彌說：「我也會好奇啊！看到漂亮的也會多看兩眼，嗯……好看、好美，夠了，不要再有第三、第四、第五了。」

慧顯法師說沙彌來出家，真的是宿世有緣的。我們不必刻意去引導他們，很多事他們都知道，也都會。比如說，念佛、打佛七，八歲的沙彌打佛七？怎麼打？竟然毫無問題。早上五點半到晚上十點，九枝香以外還要拜佛一千拜、念佛一萬聲，這是額外的功課，沙彌絕對完成，愈小的沙彌愈可以；大一點的沙彌有時會抓抓頭，狐疑的問：一萬稱，我怎麼念得完？一千拜，我怎麼拜得完？小一點沙彌沒二話就念就拜，一個上午就念完拜完，因為沙彌沒有第二念，一心去做，慧顯師父說要念佛拜佛，他就去做。但是他們努力念佛拜佛累了，會在禪修止靜時睡著了。

看見沙彌睡著了，慧顯法師就告訴他：你如果想睡覺，就大聲「唸佛」。後來沙彌寫心得：「我禪修睡著了，師父教我大聲『唸佛』，真的有效，『唸佛』可以對治打瞌睡。」

沙彌聰明伶俐也會搗蛋

有一位本性善良但很調皮的沙彌，每一次開週會，做生活檢討的時候，絕對少不了他的名字。有一天，這位沙彌的爸爸來探視，慧顯法師跟他說這位沙彌沒辦法教，請你帶回去。法師使一下詐，其實只是在試探，讓沙彌知道，再不長進就送回家去。孩子聽了愣在那裡，不知怎麼辦好？他根本沒想過要回家。這時，沙彌的爸爸忽然跪下請求，希望讓孩子留在學園。

慧顯法師事先並沒跟沙彌的爸爸講好那是要嚇嚇孩子，只是希望他可以乖一點。沙彌聽到慧顯師父的話，看到爸爸為了讓他留在學園而下跪，從此收斂自己的行為。慧顯法師提醒他，你能留下是你爸爸跪求來的，你要好好珍惜！以前說他傲慢，他不了解什麼是「傲慢」，問說什麼是傲慢？慧顯法師點一下他：你眼、耳、鼻、舌、身、意全身都傲慢。這棒喝，讓沙彌自己慢慢體悟。沙彌也很爭氣，盡力改變自己的習氣。

沙彌聰明伶俐，有時愛搗蛋，會欺負新來的老師，他們問：「最早皈依佛寶和法寶的兩位在家信徒是誰？叫什麼名字？」這件事後來慧顯法師知道了，打趣並開玩笑的說，怎麼不來問我？你們欺人太甚，有本事來問我啊！

沙彌學過心理學，有一天跑來問慧顯法師：「父精母卵受精時，是先有心識？還是先有色身？」解釋給他們聽，慧顯法師還加一句說，你以為可以問倒我嗎？師徒如此切磋學問，沙彌也學習到不少，但想考倒老師還真不容易！

沙彌實在可愛，有機會教他們是很幸福的。每年八月沙彌新生報到，九月開學，十二月剃度。

定和尚每年十二月都帶領朝聖團來到沙彌學園參訪，除了主持沙彌剃度典禮，還特別幫沙彌上佛門傳統的「講戒」。定和尚的課，沙彌雖然不是字字都能聽懂，但沒有人打瞌睡，因為他們都知道定和尚一年來一次，都很珍惜。

沙彌善根本具，老師只是園丁。樹苗會生長、會開花、會結果，本來就是樹本身具有的功能，善根是個人與生俱來，是內建的程式，只是這程式經過長期休眠，需要叫醒。「你到底要我們給你多少空間才會成長？」

面對較調皮的沙彌，老師必須很有耐心。

有兩位沙彌在下課十分鐘，原本應該是喝水、上淨房的時間，他們調皮跑去後花園玩，什麼不好玩，竟去踢牛糞和羊糞囤積的堆肥。兩人互踢堆肥，玩得不亦樂乎。還好是乾的，不會臭。孩子本性就是愛玩，幸好沙彌之間不分族群、不分種姓，也沒有校園霸凌。

沙彌對慧顯法師又敬又怕，但也有老師像是沙彌的大朋友。沙彌跟黃進寶教士很親，有一次沙彌在上阿寶老師的美術課，嘰嘰呱呱、嘰嘰呱呱講個沒完沒了，阿寶老師很有耐心的教他們做許多美工和美勞，孩子們個個手巧，也做出很棒的作品。教室一片哄鬧聲，慧顯法師從教室後面悄悄進來盯著他們看，孩子忽然就鴉雀無聲了。黃進寶教士用閩南語跟慧顯法師說：「你看他們多怕你！」他看一下就走了，前腳才跨出教室，沙彌又嘰嘰呱呱、嘰嘰呱呱開始講話了。

在沙彌學園，考試測驗都是嚴謹的。初來的沙彌在一年級考試有時會偷看。慧顯法師說，我們給他一個觀念，你為誰考試？作務也是一樣，為誰掃地？為誰做飯？初來的沙彌不懂，為了考好成績，竟然做小抄，卻不懂得隱藏，老師不費吹灰之力就拿到他的小抄。沙彌哭喪著臉問：怎麼辦？老師說：要處罰呀！沙彌又哭喪著臉說不要。其實一年級我們是不處罰的，但會告訴他：你不用偷看，做人要光明正大，做事偷偷摸摸，怕人知道、怕人看到，像老鼠、像小偷，這是不好的。要讓沙彌了解什麼是尊嚴，要做有尊嚴的事。

學園為沙彌開什麼課？

沙彌在當地小學讀到三年級來到學園，他們會說故鄉語言，也會寫當地文字。但印度幅員廣大，只要越過一個州，所學的語言和文字就完全不同，從前學的都用不上，全都聽不懂、看不懂，更不會寫，所以他們來到沙彌學園，一切從頭開始，從零學起。

印度有四種教育系統，一種是中央的，可以申請就地考試；另一種是地方的，印度各州語言有幾百種，語言雖不同，但科目課綱都一樣；第三

△沙彌學園第十屆開學典禮

▽（由左而右）九位出國念書的沙彌學長：乘菩、乘戒、乘福、乘提、乘量、乘迦、乘法、乘光。（右）乘信

種是遠距教學，是一種開放學校，像森林學校或在家自學等，學生準備好了再去申請考試；第四種是政府承認，不屬於中央也不屬於地方，是獨立體制的一種學歷。沙彌考的是屬於開放學校的學歷認證。本來選中央的，但是目前沙彌來自六個省，對其他不同省的同學相對不公平，所以學園選開放學校的學歷認證。

「開放學校」是印度甘地家族創辦的學制，較能適應全印度各地的人來申請，目前學園有九位沙彌學長通過考試認證，乘提、乘量、乘迦在台灣佛光大學、乘光、乘戒在中國南京大學，乘菩、乘法、乘福、乘信在泰國摩訶朱拉隆功大學（Mahachulalongkornrajavidyalaya University）三所學校就讀。

沙彌學園入學的年齡大概是十歲，等同於印度學制的小學三年級。學園分班按照年資來分，入學的第一年叫「一年級」。六年級的沙彌，準備考印度教育局承認的初中考試，八年級考高中考試，成績公布後可以申請大學，由星雲大師指導派送到哪一所大學就讀。

沙彌們全心全力，幾乎全年無休趕課業、趕考學歷資格。在這裡七年

就能讀完印度高中的課程。學什麼攸關沙彌的學識和專業，更重要的是道德品格的薰陶和培養。沙彌的養成教育，決定栽培出什麼樣的出家人，將來如何紹隆佛種、如何腳踏實地，不辭辛勞無怨無悔弘法。

課程方面，安排學習的課程百分之八十都是世間學，他們從三年級到十二年級高中畢業，要通過印度國家學歷認證考試的學科，學園會安排像歷史、地理、語言等課，這些課程是要通過印度的教育學制考試，取得學歷資格才能考大學。學園也安排中國的漢語水平考試，另外還有台灣的華語文能力測驗，才具備考取台灣和中國的中文資格證明。初中階段會有一次初中學歷資格會考，高中時也要再經過一次學歷認證考試。

另外百分之二十的課程，沙彌學習的是佛學課，包括基礎的佛法、佛學名相、沙彌律儀、佛事儀、梵唄唱誦等。

經典對他們而言較難，目前學園將星雲大師那套十二本的佛光教科書，按程度排進課程中。如果有其他法師來到印度德里，會隨時安排專題演講。但基本是研讀佛學名相、星雲大師相關著作和文選，加深「人間佛教」思想的教學。

語言方面，沙彌必須學四種語言。在印度學制裡，學生學四、五種語言是很正常的，中文是學習漢傳人間佛教的必學語言，英文是必修的，北印度較流行印地語，考試時英文和印地語是必考的。沙彌也學巴利文，希望他們學會之後可以研讀原典，以後再被批評說大乘非佛說時，就不至於啞口無言。

在印度，南傳和藏傳佛教比較興盛，藏傳在山區多，南傳比較普及，所以沙彌必須了解南傳的經典和儀軌，將來學成回來印度弘法時會方便許多，否則不了解這裡的佛教，就難以本土化，或被視為外國人，也很難深入當地人心。

目前沙彌來自六個省，六個省的文字語言都不相同。講印地語的是北方邦的沙彌，來自拉達克和從東北方來的沙彌不會說印地語。在這個種族、文字、語言、宗教信仰都複雜的國度，沙彌來到學園學習，要有共同的語言作為溝通的橋梁，沙彌平日多以中文和印地語交談，有時也用英文。在這裡中文是最重要的語言，他們的中文程度也都比較好。

除了正常上課和學才藝之外，也有安排戶外的參訪，像是行腳、朝聖和參學，也會邀請外來的團體，例如台灣紅十字會為沙彌專業的培訓，如急救術、影像製作等。

讚美讚美再讚美

沙彌個個聰明伶俐，難免也古靈精怪。慧顯法師說，我們會注意到沙彌看老師的眼神，他們的觀察力很敏銳，他看你怎麼對待別人、怎麼讚美同學，心裡會想老師為什麼讚美他，沒有讚美我，嫉妒之情是難免的。那麼小的沙彌，要他五蘊皆空，看淡五欲六塵是不可能的，那境界是他懂事以後的自我實踐和修持，他現在還小，心中會要求公平對待，別人有，他也要有。所以老師在讚美沙彌時，發現有異樣的眼光往這邊投射時，心裡有數，也會找一個適當的時機，對這眼光投射的主人讚美一下他的表現、關心一下他的現況，他的心裡就平衡了，老師知道有些沙彌是需要掌聲的。

有位聰明的沙彌，學什麼會什麼，只要他有興趣，什麼都難不倒他。

但他有個怪脾氣，遇到不喜歡的老師就不肯學，怎麼引導他、罵他、懲罰他都沒用，這情況在一個五至八個學生的小班制教室裡，自然影響到其他人的學習，後來所有人都對他不滿，來告他的狀，老師勸導他，他也依然故我。這情況該怎麼辦？

老師想著如何改變他，找看有什麼方法可以啟發他，改掉這種學習上的障礙。這位沙彌已經來了五年，這情形不改變，無論是在課堂上課，還是在出坡作務，乃至於在操場遊戲，都給其他人帶來困擾。來了那麼多年在這個時候回家也遲了，錯過印度的學校教育，要補救也難，已浪費了寶貴的時間和生命，所以身為老師的我們一定要想方法幫助他。

這位沙彌對出家這條路是相當堅定，慧顯法師跟家長溝通沙彌的學習情況，家長來關心，想要帶沙彌回去，但沙彌不願意，就是要留下。我們當然不忍心讓他走，除非他自己決定，學園絕不會主動勸他還俗，何況他沒犯錯，也沒不守規矩，只是學習上有障礙。老師要想辦法輔導他，於是更加注意他的行為舉止和情緒反應。

終於，機會來了。有一天，這位十二歲的沙彌，輪到擔任典座職務，他一個人在短時間內準備了一百人份的炒飯。慧顯法師忍不住大大稱讚：「你太厲害了！太棒了！」慧顯法師讚美他、讚美他，再讚美他，沙彌的心花朵朵開了。法師發現沙彌情緒上的堅持已鬆動，覺得口頭上的讚美已奏效，但還不夠，於是加碼帶他上館子，一方面獎勵他，也讓他嘗嘗外面素食餐飲的口味，告訴他這些菜餚的做法，既是鼓勵也是學習的機會。

讚美獎勵真的有用，慧顯法師發現沙彌行為改變，態度跟著改變，學習情況也改變了。他只因不想學，印地語以前只考九分、八分，其他學弟都早已超越他，他還在原地踏步。經過這一次，他終於願意跨出而進步，他的印地語竟然及格了，慧顯法師說，這位沙彌在耐心和愛心調教下，跨出那艱難的一步，只要能跨出去，他的心病也就好了。

只要你願意成材 我願為你犧牲

看到沙彌的轉變，身為老師的歡喜自不必多言。回想二〇一三年星雲大師對沙彌說的話：「只要你願意成材，我願為你犧牲。」慧顯法師說，我們用這種方法來教導沙彌，該嚴時嚴、該鬆時鬆、該柔時柔，一切為了沙彌。

沙彌，他們是一群小男生，有時候必須嚴厲，雖然採用愛的教育，但是完全不打不罵，放任沙彌自覺，是較困難的，畢竟他們年紀還小，而且美式教育的社會和家庭背景跟我們不一樣。

適當的體罰在學園是有的，但是要讓沙彌明白為什麼受到體罰，絕對不是法師或老師生氣，或是情緒的問題，比如討厭你、對付你，而是你做錯事了。要處罰前，慧顯法師會對沙彌說：你自己好好想一想，也讓我冷靜一下，等我們都想好了，再決定這件事該怎麼處理。所以體罰絕對是隔了一天之後，不會是在當下；我們也會擔心，因為是人，難免有情緒，但絕不能因為自己的情緒問題處罰沙彌，而是為了教導，讓他明白、讓他認錯、讓他了解事情的真相、讓他知所改進，所以處罰。當沙彌心裡準備好，能接受了，不管是用講的、用罵的、用體罰的，最後會問他：你理解到什麼？你知道哪裡錯了？你要怎麼改進？

單是提升守時和守信這兩項，就得要下一些工夫。為了教沙彌時間觀念，遲到就懲罰，讓沙彌知道守時的重要、知道什麼是規矩。現在沙彌不會遲到，他們已經知道時間的價值觀了。有些價值觀要教他們，要在他們腦海裡生根，這中間當然必須經過學習過程，這些都是方法，目的是讓沙彌了解，老師們是愛護你們的，才會這麼教你、管你，希望你好、希望你進步。

老師也教導沙彌正確觀念，人難免會犯錯，不要怕犯錯，告訴孩子做錯事不要害怕，做錯了說謊欺騙別人，錯上又加錯，更不應該。犯錯也是學習的機會，錯了就改，而且不再犯，就進步了。像有一位沙彌，打破一個杯子，杯口有個小缺損，他很害怕，覺得自己做錯事了，但他不敢講，嘗試要將杯子復原，把碎片黏回去，然後放回原處。相信他的內心一定很掙扎，但他決定這麼做時，就是鐵了心不承認打破杯子這件事。如果有第二個人再去碰這個杯子就可能被割傷。沙彌對於電腦的使用也是一項大考驗，像大一點的沙彌，沒有老師在一旁盯著，是否能完全自我制約，不濫用電腦瀏覽不該上的網站。

攤在陽光下都沒事，但在黑暗的角落就辦不出光明的事。慧顯法師強調，人格品德的教育比什麼都重要。像桌子上吃的東西，擺在那裡，不收起來就擺著，沒有人會去偷吃。想吃的孩子，一定會來問，用撒嬌的表情來說想吃。那撒嬌模樣真是可愛，沙彌來說他肚子餓了，慧顯法師笑著說：肚子餓，就去吃東西……。

師公是佛還是菩薩？

沙彌學園裡的沙彌，每位剃除鬚髮、穿著僧裝短褂，個頭高低大小胖瘦不同，膚色有白有黑有棕，一個班約五至八人，上課或下課時間，幾個小腦袋瓜湊在一起，不論是討論功課、聊天，或是看書、學音樂，那情景真是超級可愛。就像我們在家人，每次看到沙彌打坐、打盹、挑柴、運水、練武功的圖片或相片，沙彌的憨厚、可愛和清淨，真讓人愛煞。來到沙彌學園，圖片和相片上的沙彌一個個活過來，變成真人，活生生在眼前跟你笑、打招呼、說吉祥、說阿彌陀佛，哇！是真的沙彌！

慧顯法師說這裡的沙彌，都是印度的孩子，我們看他們全是外國人，他們看我們也全是外國人，全部外國人在一起生活、在一起學習，變成了一家人。這一家人，都用外國語言交談，也就是中文，是他們最拿手的語言。但他們說起中文，真是有看頭，更有聽頭。有的字正腔圓，有的像台灣的老芋仔說閩南語，有的像閩南人說的台灣國語，南腔北調統統有。我們初來乍到，對有些沙彌說的話，得注意聽，有時還要重複問，才能聽懂，但大部分沙彌說的中文，我們一聽就懂，都能順利交談，真是厲害啊！我的沙彌！

沙彌平時交談用的是中文，討論或辯論也是。有一天沙彌在爭辯，爭辯的內容是「你們說師公是佛還是菩薩？」他們用中文爭辯了半天，講得口沫橫飛，不可開交，結果，沒有輸贏，怎麼辦？最後來請問老師。老師說，師公是菩薩啊！四位沙彌中，有三位說師公是佛，一位說師公是菩薩，贏的那位好高興、好得意，大叫ＹＥＳ。看他開心成這樣，老師也感染了他的開心。

沙彌日記
5

隔離線外的風景

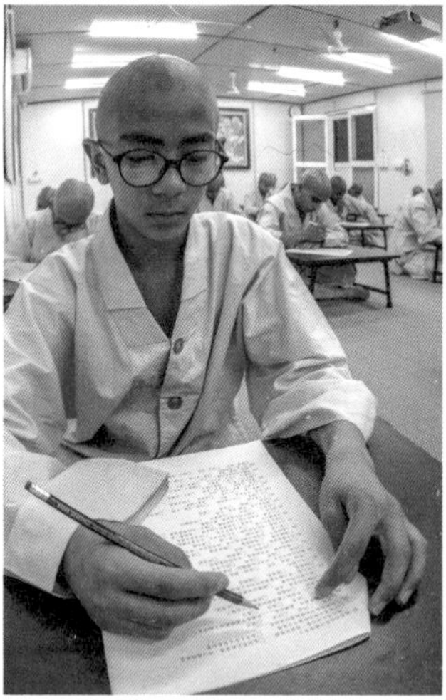

沙彌年紀小又都是男生，剛入學的新生，偶爾會打架。經過一年的薰陶後，二年級以上的沙彌從沒發生過打架事件。

學長學弟情感似手足

沙彌來自六個省，是六個不同族群，從名字上看得出來。慧顯法師覺得感恩，在這裡不用處理這個問題，來自同一省、同一種族的也不會建立小團體。

沙彌學園同學間採學長學弟制，沙彌學長要教導和照顧學弟。老師問沙彌：你覺得哪個學長最好？他們會說某某學長最好，他是我好朋友，也會說出那位學長的那些特質，是值得他學習的。有好的學習對象，對沙彌的成長是有幫助的。學長不只有權利管教學弟，沒管好還要承擔學弟的過錯，替學弟受處罰。所以學長不僅要愛護學弟，為學弟負責，將學弟教好、教會。剛開始他們還不懂這中間的關係，慢慢的就理解這種兄弟間的情感。

冬天很冷誰都不想碰冷水，但是沙彌輪流擔任典座，大約兩個月會輪到一次，所以一個學期會輪到一次至二次。有位沙彌當學弟時很執拗，冬天氣溫低到只有攝氏一度，不想去碰冷水，學長包容他；後來他當學長，他的學弟跟他以前一樣，在廚房做事也不想碰冷水，他對學弟曉以大義：「你去切菜，這我來洗，但是以後你長大，當了學長，也要這樣去愛護你的學弟喔！」這位學長不但包容學弟，還教導他要愛護未來的學弟，要像自己的學長對學弟一樣好，這是一種傳承。

已經從沙彌學園畢業到國外讀大學的沙彌學長，有一位剛到大學就有攀緣的狀況，他也不懂什麼是攀緣，只是覺得在交朋友，其他沙彌就罵他、教訓他：「你可以這樣做嗎？你代表沙彌學園，師公會認同你嗎？」他們會互相約制。

這裡是個學校，師生全都住校。孩子跟老師生活學習十年，日夜在一起，真的是一家人。沙彌長大要去外面讀大學時，學園會向時時關心沙彌成長和學習的星雲大師報告，大師聽了很高興，給他們幾所大學挑選。

沙彌剃度時刻

沙彌學園每年新生入學後半年左右，為已經適應學園生活和學習，並且決定留下來繼續就讀的沙彌舉辦剃度典禮。沙彌的父母及親屬都會來參加，加上每年來朝聖參學的佛光人，佛堂裡總是坐滿人。在整個剃度典禮的過程中，感動的啜泣聲總是此起彼落，每個人都紅了眼眶。

來參與剃度盛典的佛光人，在宛如世外桃源的校園內、在如茵的碧綠草地上、在盛開著燦爛花朵的大樹下、在睡蓮開放的水池中，也在佛陀和觀世音的聖像慈容俯視下，見到新一代的沙彌，看到星雲大師的徒孫，在這裡快樂成長。這麼好的環境、這麼優秀的老師、這麼嚴謹的教學，這新一代的僧伽，帶給佛教新的希望，誰能不感動！

佛光人眼裡看到的沙彌，個個天真純潔，大大的眼睛、可愛的笑容，有禮貌的問訊，說一口流利的中文，還要接受四種語言、世間學以及嚴格的僧伽教育，他們小小年紀就為將來佛教在印度復興而發心學佛出家。沙彌讀到高中畢業後，還要出國留學，接受更進一步的佛學教育，為將來弘法和在印度復興佛教做更充實的準備。

星雲大師的《為僧之道》有言：「青年入佛教爭光。」清楚敘說佛教需要人才，而這個使命必須靠入佛門的青少年去實現。乘光是沙彌學園第一批學生，目前就讀中國南京大學，他回想當初的出家修道之路：「出家要講簡單也不簡單，但要說難也不難。這全看個人是用什麼心態來出家了。我出家九年了，也曾懷疑過自己選擇出家這條路是否正確、出家生活是否太清苦等等，面對這些疑惑，我就讓『時間』和『親身經歷』去回答……」

乘聞

我們「復興印度佛教」的希望又增加了一倍，因為今天又一批新生，加入了我們的行列。沙彌學園每年都有新生入學，待穩定後就給新生落髮。這看起來好像很普通、平常，實際上「落髮前」和「落髮後」的人生觀，十分不同。落髮前的人生只為自己著想，是自私自利的；而落髮後的生命，要做佛門龍象，有復興佛教的使命，是無私大我的。

我覺得「出家」最首要的條件是「自發心」。記得我小時候，曾經跑到慧顯師父舉辦義診的場地，跟師父說要出家。雖然當時我不明白出家的意思，但也不知道為什麼，我的心對出家這件事是很興奮的。我就在這樣「自發心」的情況下加入僧團了，有時想想因緣真是很奇妙的。

出家後，過著叢林「晨鐘暮鼓」、「五堂功課」的生活，承蒙常住給我成長的因緣和學習的機會，我對「出家」又多了一分感應和理解。在這學習的過程中，雖然有心不安住的魔障考驗，但感謝身邊很多善知識的提攜，助我解脫這嚴酷的試煉。現在，我的心已能安住在「復興佛教」的使命上。

過去，我自私的為自己而活的時候，我會懶惰懈怠、不求上進，覺得一切理所當然。但是我現在學會了「大眾第一，自己第二」的生活哲學，我會為別人著想。我有一股為別人奉獻的力量，為人奉獻，會讓我無比歡喜，我享受犧牲。我覺得「出家」的意義和目的就是「奉獻」與「犧牲」。

未來的「出家路」，或許要面臨很多考驗，我會時時記住為人「奉獻與犧牲」，難行能行，難忍能忍。

乘銘

今天的落髮典禮，讓我非常的感動。每次看到新學弟出家落髮，就會想到自己第一次落髮的時刻。還記得剛入學時，我對剃髮出家就非常的渴望，當時學長幫我剃頭，我覺得非常歡喜，好似找到了千年輪迴裡，失去的「東西」一樣歡喜。

現在輪到我幫學弟剃髮，我領悟到「煩惱」如鬚髮，不「修」剪就會愈來愈長。當我為他剃完後，感覺好似煩惱已經去除了，又找到了清淨的「身」。我為學弟換僧裝後，就叫他站在鏡子面前看自己，並問他滿意鏡子中現在的自己嗎？他雖然沒有說一句話，但是從他臉上露出那最真摯的笑容裡，就已訴說了他內心的歡喜了，就是找到了清淨的「心」。

典禮上，慧顯師父的開示打動了我的心。師父說出家後有什麼不一樣嗎？一樣的日月、一樣的三餐吃飯，出家後的人生目的，卻完全不同了，正所謂「平常一樣窗前月，才有梅花便不同」。出家前，吃飯只是為了填飽肚子；出家後，吃飽飯卻是為了給了我們力氣去弘法利生。

出家，是有目標、有方向的，最終極的目標就是要成就佛道，未來的目標是要復興印度佛教。而現在的目標，應該是先要「認識自己」，在知道自己的缺失後，才能向自己的「我執」宣戰，以勝過「我」為目標。

出家七年的我，又一次肯定了「出家」是對的。沒有地方比佛門更幸福、更喜樂，沒有任何事業比出家更高尚，世間一切待遇比不了出家修道。我堅信定師父說的「只要不換這件衣服，一生一定過得幸福！」。所以，出家就是我的未來！

希望今天落髮的新生學弟們道心鞏固，希望他們在佛門找到身心安住之處！

〰 乘勇

我是在二〇一三年十一月三日落髮的，現在還能清楚記得當天輕鬆自在的心情，覺得自己好像獲得重生一樣。我感受到自己的生命充滿了希望，自己的未來充滿了光明。當天我還為自己在佛前許願，希望自己能在佛道上堅固道心，安住身心。今天看到新生學弟落髮出家，就想起這個特別的日子，覺得很幸福，很自豪佛門又增加了龍象人才。

師公星雲大師的《為僧之道》說「青年入佛教爭光」，佛教需要人才，而這個使命就靠我們入佛門的青少年去實現。人才，是有道德、有能力、有學問，最重要的是要有堅固「道心」的人才，才是佛教的力量。我認為出家人，書讀不好沒關係，但不可以懈怠；智慧不夠沒關係，但不可以懶惰。努力不一定會成功，但不努力，就肯定不會成功。意思就是要立定方向，勤勞學習，用心成長。

感恩師公，感恩常住及師長們給我們的出家因緣，我們沙彌必定要努力增長自己的價值，為佛教爭光。

乘良

還記得五年前的十一月三日，在搞不清楚什麼是「出家」的情況下，我參加了「落髮典禮」，就這樣進入佛門了。雖然是不了解出家要做什麼，但是心裡卻對「落髮」感到快樂，當時也不知道在歡喜什麼。直到今天，看到新生落髮後的笑容我才明白，原來那時候感到歡喜，是因為我知道我從那一刻起，正式進入僧團，成為佛門的一份子了。

佛門，這個世界上最大的「大家庭」，不是隨隨便便就能進入的。先要通過入學考試，再經過面試和自我的適應期，最後能留下來的，可以說是萬中選一了。雖然門檻很高，但是每年還是有近百人來報考，想要加入我們的僧團。今年，就有九個非常有福報的菩提苗子被選上。

今天是第十屆的「落髮典禮」，我覺得自己好像也跟新生學弟一起落髮，一起獲得新生命那樣歡喜。既是新生命，那麼我們就要努力、要進步、要比以前更好。

乘得

記得當年我落髮時，我感到非常深刻的歡喜，跟我同屆的同學，大家當時也都是十分高興。因為，佛門是一個能身心安住的地方，這裡可以息滅貪嗔癡，減少自己的習氣煩惱。來到沙彌學園，有機會可以改變自己，學習面對困難，我覺得我們很幸福。

在佛門，師長無時無刻不在教育我們、成就我們，鼓勵我們要認識更多的知識，要學習更深的佛法，將來成為有用的出家人。一個出家人，求真理割愛辭親，最重要的是先要堅固道心。我們既然選擇出家，就要修煉自己的意志，要有堅強的毅力，那麼這條路就會走得順利。

出家人，要能為佛教犧牲自己的生命，要勤苦修行，並努力弘揚佛法，絕不做「呷教的和尚」，才有價值。

今天又遇到新生的「落髮典禮」，希望新學弟好好學佛，堅持道心。

乘持

今天是個非常吉祥的日子，因為今天新同學落髮了。回想起我自己當時落髮的感覺，就非常的激動，雖然那時候並不知道出家的意義和價值是什麼，但可以穿跟學長們一樣的出家僧服，就覺得非常歡喜。

我在沙彌學園已邁入第七年了，至今依然感受到能「出家」的機會是多麼不容易，這輩子能做出家人是多麼了不起的事。而且，不是每一個能出家的人，都有機會像我們這樣，在沙彌學園這麼好的環境之下，學習與成長。所以，今天感受到我們是真的特別幸福。

出家要「割愛辭親」，感謝我的父母當時願意給予我選擇出家的機會。

出家更要有「依止常住」，感謝佛光山常住、師長當時慈悲接受我。出家也要有「因緣」，有因緣的人，很自然的就能安住下來。今年的九位學弟，就是從一百個報名考試的學員當中，成功被錄取的「有緣人」。

我感到非常榮耀能成為僧團的一份子，我必須要做好學長的角色，在生活上不求享受，要清茶淡飯，要有恆心毅力的去行菩薩道。歡迎學弟正式加入僧團，希望佛菩薩保佑他們，在佛道上平安的向前努力學習。

〰乘和

每一年看到新生落髮，就讓我回想起自己落髮的那一天，領僧服時喜悅的感受，提醒我在出家的路上要更堅定。今天新生的臉上掛滿笑容，心情很歡喜，希望他們能堅持不退的走下去，好好地去發揮自己所學的佛法，分享他人，讓眾生離苦得樂。

〰乘悅

我在五年前來到沙彌學園，那時年小，不太懂入佛門的意義。在佛門就是每日隨眾發心、學習，在善法的環境裡生活，吸收的自然是慈悲、忍辱等善法。同時，也學習各種不同的知識和語言等。這些「學習」是為了培養我們將來「行菩薩道」，心心念念為眾生。所以，師公星雲大師說「發心出家最吉祥」，因為出家人選擇走一條正確的「道」路，所以也最美好。

乘門

日日是好日，但今天最特別，因為今天有九位新生落髮，加入了我們弘法的行列。「出家」，為解脫輪迴而出家、為出離煩惱而出家、為斷除三毒貪嗔癡而出家、為求真正大道而出家，出家人應當如是發願。

還記得二〇一四年學長幫我剃頭時，我是那麼的開心。但是當時年紀小，所以道心不穩，我就常常觀察別人的優點，並不斷地反省自己，道心是否堅固。學佛道上要用忍耐力去面對困難，要用慈悲心去對待眾生。

感謝偉大的師公和常住師長的愛護，給我們機會快樂的學習、好好的成長，我們會努力「為教爭光」，讓佛教的這一盞明燈相傳不盡。

乘仁

今天有九個學弟選擇出家修道，令我非常的感動。感謝他們發心來出家，加入我們的僧團，跟我們一起生活、一起學習，為復興佛教而努力。雖然他們年齡小，但是很有心，也很堅持要落髮出家。

師公一生雖然遭遇種種困難，但師公從來沒有放棄過出家修道。而且，一直很努力的弘法、很用功的教學、很發心的做事，所以才有今天的佛光山。「地水火風」也許改變了，但師公還是沒有改變他出家弘法的「初心」。

祝福這九位新生「永不退票」，將來能長大成為像師公一樣的「大樹」。

乘正

人身難得，要有很多的福報才能生而為人。能生在人道，又能做個好人也不容易，要成為出家修行人就更難能可貴了。還記得在二〇一四年，是乘提學長為我剃的頭髮，我當時還不太懂出家修行的生活。之後，慧顯師父給我取法名為「乘正」，希望我將來能成為「正派」的出家人。

後來，輪到我為學弟剃頭。記得去年為乘文剃髮時，我就感觸很深的對他說，非常的歡迎你加入我們的僧團。而今天又有九位同學剃髮換僧裝，讓我們整個沙彌僧團增加到八十九人，這就更加令人歡喜感動了。

「落髮」只是一個開始，之後的「僧涯規劃」才是重要。也就是說，將來我們若要成為有能力、會辦事、能說佛法的「有用」出家修道者，我們現在就要好好規定自己的學習。現在的規劃和努力，會直接影響到我們的未來，換一句話說：「未來的一切，都掌握在我們自己的手上」。

〰乘融

生生死死，死死生生，經過這分分段段的生死，我在生死路上來來去去，幸運的是都有結過「佛緣」，因此今生才能出家。回想二〇一四年「落髮」時，雖然我年紀小又聽不懂慧顯師父的開示，但是我很清楚記得落髮時我是很開心的。

出家前跟出家後有什麼不同呢？出家前，我會吃、會喝、會睡覺；出家後，我還是一樣會吃、會喝、會睡覺。那有什麼不同呢？我出家前的吃、喝和睡，只是在浪費時間、浪費生命、浪費地球資源，因為我沒有未來的方向和目的，所以也就沒有生命的價值。但是今天我有未來、有目的，所以也有了生命的價值，這都是因為我出家的關係。我的目的就是要尋求理、要對一切眾生慈悲，這就是我生命的價值。

感謝師公和師長們的大慈大悲加持與教育，給我因緣歡喜學習與快樂成長。今天，看到學弟們剃髮出家，我為他們感到有價值、有意義。

〰乘開

大部份的人為自己、為家人，努力工作和生活，很少會想到要為眾生奉獻犧牲。只有極少數人會發願出家、發心修道，服務大眾。所以，有機會出家是很不容易、很有功德、很有福報的事，我們要珍惜。

今天是個神聖的日子，因為有九個新學弟落髮出家，大家都很開心。「出家」要發願弘法、要發心持戒、要希求佛法、要修持忍辱、要喜捨結緣、要勤勞做常住的事情、要放下徬徨，最重要的是要能安住身心當和尚。

乘明

今天是個美好的日子，因為今天有九個新同學加入我們的僧團。沙彌學園從最開始的五位學長，到今天的八十九位同學，每年都有學生來出家。但是，不是每一個人都有機會來吃佛門的飯。我在沙彌學園四年了，看到多少人來報讀，但真正留下的卻很少。可見要出家是很不容易的，所以我們要珍惜，也要好好照顧新來的學弟，如果學弟們有問題，要誠心誠意幫助他們，希望他們在出家的路上平平安安。

一個出家人要虔誠，要慈悲去幫忙需要幫忙的人，更要發心為佛教做事。師公星雲大師說「大眾第一，自己第二」，師公每時每刻都會想到大眾，這樣的想法讓師公成為一個偉大的人，我們要向師公學習。

乘諦

一般人覺得出家是一件對父母不孝、對社會無益的事，其實出家是最偉大的事。因為出家人要「以出世的精神，做入世的事業」，也就是要一邊弘法一邊修心。就像我們每天在沙彌學園的生活中，有禪修、拜佛等，這就是心的修行。同時，我們每年也有慈善救濟、扶助疾苦的義診，這就是弘法事業。所以，能出家弘法，我覺得很歡喜吉祥。

〰乘義

我們的童年跟別人不一樣，因為在我們的成長過程中，受到佛法教育的影響，遠離社會的不良風氣，所以我們在沙彌學園的童年肯定幸福。我們從小養成服務勤勞的性格，所謂「服務勤勞不後退，恭敬謙和滿芬芳」，人生以服務為目的，社會肯定看重我們。

今天又有新的一批學弟落髮，祝願他們從剛入學的沒什麼「價值」，到接受佛門教育後的「有價值」，成為「佛門龍象」。

〰乘德

有一句話說「有緣千里來相會，無緣對面不相逢」，我們有因緣到沙彌學園出家，這說明我們過去曾經跟佛教結緣，這輩子才能來這裡出家學佛。發心出家，成為一個弘法者，能夠學習斷除煩惱、解脫生死，我覺得很幸福、很感恩。所以，我們要善用時間好好修行，千萬不可「平時不燒香，臨時抱佛腳」。

其實，生命是生生不息的，生了又死，死了又要生，就是輪迴不已。我們無法預知未來如何，卻可以現在努力去除不好的習慣，慢慢圓滿自己的人格。出家人要讓生命變得有價值，就要有遇到困難不退縮、不放棄，提起信心和勇氣，努力奮鬥，直到人格圓滿的精神與智慧。

今天我們有一批新學弟加入佛門，增加我們未來弘法的力量，我覺得很感動。希望我們一起來努力，圓滿自己，圓滿眾生。

乘道

今天落髮典禮，學弟們出家了，大家都很開心。慧顯師父開示說，「出家」是出煩惱之家，出家後就要堅持走這條出家的道路。所謂「人身難得，大道難聞」，這輩子能出生為人，又能出家學道，要好好珍惜這個因緣，精進學佛。

弘法修行的旅途中，或許會遇到障礙，要用「不退心道心」去克服。古時候的高僧大德，為了弘法傳教，不惜奉獻自己的生命也不退失「道心」，而成為「佛門龍象」。我們應該學習祖師大德的精神，來復興印度佛教。

我要感謝自己選擇了出家這一個路，更要好好的把這條路走好。同時，我要祝福新的學弟好好學佛、堅持出家、不退道心，希望他們找到出家的價值，平平安安的當和尚。

〰乘守

今天有九位學弟落髮，選擇佛教修行弘法的道路，發願要讓印度佛教復興起來，為佛教爭光。慧顯師父常常說出家不容易，要有過去世修來的福報才能出家。所以，這輩子能出家就要修更多的福報與功德，讓下輩子也有因緣再出家，再做復興印度佛教的工作。

〰乘悟

今天是落髮典禮，學弟們出家了，個個都很開心，我要祝福他們能把這個出家身分堅持到底。能出家學佛很不容易，所謂「人身難得，佛法難聞」，意思就是學佛要有因緣、要有根性才可以。今天我們能出家，肯定是過去我們生生世世都跟佛教結過緣。可惜「佛在世時我沉淪，佛滅度後我出生；懺悔此身多業障，不見如來金色身」，希望今生多多努力，龍華三會時能見到彌勒佛，聞法開悟，不再受苦。

在人間出生，也是一件好事，因為可以體會「苦」；如果出生在天堂，就不知道「苦」是什麼了。佛陀因為了悟「苦」，所以今天才成為偉大的聖人。即然已經生在人間，我們就要學習菩薩，在人間弘法，就像我們偉大的師公在人間弘法一樣。

乘琳

今天有新的同學落髮出家，我看到他們很歡喜的樣子，就看到印度佛教未來的希望。有些人說出家很苦、還有些人說出家沒有自由，但是我卻覺得出家是件很幸福的事情，因為出家可以精進修行斷除煩惱。出家不是只有剃頭、換僧服；出家也不是過日子、浪費生命。所謂「人生難得，佛法難聞」出家應該要做有用的出家人，讓這一生更好、更有價值。

能跟所有有緣的沙彌同學一起讀書、一起成長，能在沙彌學園學佛出家，我覺得很幸福。

〰乘度

沙彌學園每年都會舉辦落髮典禮，要出家是很容易的，但要受持戒律就很難了。但，也不要放棄，要好好的守持十戒。因為，即已剃了頭，就應該要好好完成「出家之道」。

每一年來報讀沙彌學園的學生很多，但真正能留下來的卻不多。很多都沒有因緣出家，所以我們要好好的珍惜這個出家因緣。我很感謝師長們為我們做了很大的奉獻犧牲，讓我變成一個有價值、有未來的人。

今年新生只剩九人，我們要好好的照顧九位學弟，給他們佛法改變自己，幫助他們找到生命的價值，希望他們在出家的路上平平安安的度過。

〰乘中

今天有九位學弟落髮出家，我感到很有未來和希望。我想起我剛來沙彌學園時的歡喜心和幸福感，感恩有因緣在這裡相聚，感謝師長的鼓勵，讓我們堅持走在出家這條光明的路上。沙彌學園一屆一屆的學生，一步一腳印的在為佛教寫歷史，發願將來要奉獻印度佛教，讓人們的生活幸福和平安。

感謝十方信徒的供養，給我們安心修學的資糧。願護法信徒們健康和平安。

〰 乘學

記得我參加落髮典禮時，我心裡覺得非常歡喜，因為我正式加入僧團了。這種歡喜，從來沒有感受過，感謝過去造作善業，今天才得到出家的緣分。「出家」是一件不簡單的事，要相信自己能通過各種考驗，不忘初心，未來復興印度佛教。

〰 乘恩

沙彌學園每年都有很多新生來發心出家，這是一件非常吉祥的事情。

為了尋求真理而告別家人，來到沙彌學園出家修道，這樣的因緣是非常美妙的；這種勇敢，並非普通人可以做到的。出家人必須要精進修道、遵守僧團的戒律，接受佛法的教育，逆流而上的一直進步，行菩薩道度一切眾生。

我們過去生中，為了自己的利益，身業所犯的殺、盜、淫、妄，無數無量；口業所犯的惡口、兩舌、妄言、綺語，無窮無盡；意業所犯的貪、嗔、愚癡，無邊無際。我們多次見到苦難的眾生，卻沒有伸出援手，哀憐救濟。這一切的作為，罪業無邊，所以一直漂泊在這個苦海生死輪迴中。

這輩子，有了這個難得的機會能夠出家修道，就要精進息滅貪嗔癡等，無明煩惱。要常常幫助眾生，給人信心，給人歡喜，給人希望，給人方便，才能夠圓滿菩薩道。

〰乘敬

我七歲時就進入僧團，成為佛光山的弟子，現在我已經十三歲了，未來我要廣度一切眾生。今天，看到新生落髮出家，我感覺到很法喜，因為他們選擇了一條「正見的路」、「平安的路」、「法喜的路」，一條「回家」的路。我們不要只有外表出家，要在內心裡成為一個出家人，這樣才不會退心、才能克服煩惱、才能成為一個有用的出家人，才可以看到成功的一天。

乘宣

能出家，我感到自己很幸福。出家要修忍辱、要能持戒、要斷除三毒煩惱，才能夠當好一個出家修道者。身為學長，我們有責任引導新生學弟，天天向上。還有，我們的出家法名，其實就是我們修行的方向，當別人在叫這個名字時，就是在提醒自己要努力。我們要常摸摸自己的頭，既已出家，就不要半路回家，也就是不要退心。

乘淨

當初是我母親要送我弟弟到沙彌學園出家，因為想到弟弟年級太小，所以就叫我陪他一起來，我的出家因緣就從這裡開始。出家前跟出家後的生活很不一樣，出家前我們跟家人生活一起，父母親會幫我們洗衣服，為我們煮飯等等。但是現在，在沙彌學園就完全不一樣了，不但生活一切要學會自己處理，還要投入各個組別去服務大眾，學習叢林的「三刀六槌」。

我以前只知道出家人會念經，但不知道出家要做什麼？可是現在我知道剃了頭、換了衣服，是要把「貪、嗔、癡」也跟著剃了。出家的過程中，就是不斷增長息滅「三毒」的動力，漸漸的成為像師公一樣的大師，利益社會、服務人民。

乘相

每一年學弟落髮時，他們會覺得很高興，學長們也很期待看到他們正式加入僧團，成為佛陀的出家弟子。出家這條路，是自己決定的，就要學習「斷一切惡」、「修一切善」、「度一切眾生」。千萬不可半途還俗，要提起「正念」，用「正定」去面對世俗的誘惑，並不斷努力的學習，未來才會成功。

〰 **乘禪**

在「六道」之中，「天人」只懂得享受快樂，都不修行；「畜牲」很苦，常要擔心受怕；「地獄道」一直受處罰，沒機會修行。最好的就是「人道」，因為人間是「一半一半」的，有白就會有黑、有好就會有壞，這裡快樂就會那裡受苦，這就是世間的真理。因此，大家明白到「苦」，才要追求「離苦得樂」。所以，佛陀出生在人間，成道在人間，教化也在人間。

大家從各地來到沙彌學園，選擇了這條出家修道的路，要「安住身心」。進入佛門，生活一切全都變了，學習方向也跟世俗不同，這些好因好緣，大家要好好珍惜。

〰 **乘雄**

今天看到新學弟領僧服時很開心的樣子，我們學長們也感到很開心。在落髮典禮上，大家都很用心的誦經，祝福他們正式加入僧團。來出家當沙彌，是自己的選擇，不是別人逼我們的，所以應該好好珍惜，努力學習佛法，將來弘法度生。

乘勤

今天是新學弟的落髮典禮，我們幾個學長負責為他們剃頭，大家都覺得很歡喜。有因緣的人，才有機會來出家，大家過去或許都發過願，要回來印度弘法，所以現在在這裡相遇。因此，大家要努力學習，未來做個有用的出家人。

乘擇

孩子出生時就會哭，我們來到這世界的開始就哭，這說明了「生」的苦。而後的老、病、死等，更是苦不堪言。可是，這些都是自作自受的結果。意思就是想要「離苦」，也要靠自己的努力才行，是自己決定自己的未來。

今天新生落髮，感謝他們來到沙彌學園出家，希望他們明白因果報應的道理，在日常生活中好好修行。

乘修

今天有新的學弟落髮、換僧裝，但這還不算是真正的「出家」。真正的出家，要學會控製「三毒」貪嗔癡，尤其是貪心更要特別小心。我們要珍惜「時間」來修行，體會「無常」的道理，知道「無常」就是有希望、有未來，漸漸解脫輪迴。

〰 **乘海**

今天是新學弟落髮的日子，慧顯師父開示說，要我們永遠記得今天歡喜的心情，還要有學習的目標。

〰 **乘廣**

今天新學弟落髮加入了這個僧團。當一個出家人，要有一個「度一切眾生」的發願。所以，我們出家後，就要努力學習，增加自己的能力，才能完成這個菩薩道的心願。世間無常，所以當下就要努力，不要空等待。

〰 **乘樂**

當一位出家人很不容易，要有因緣，慧顯師父常告訴我們說，發心出家最好。真正的出家人，不為錢、不要名、不求享受，而能放下自己的父母親人去修行，立下弘法的目標，生生世世發願要做出家人。

乘平

常住給我們的出家法名，就是指導我們修行的方向，我們要好好思考自己法名的深意。

乘康

今天學弟們雖然是剃頭了，但是還沒受沙彌十戒，受戒要有自信心，也要有感恩心。沒有感恩心的出家人，就像水裡的月亮一樣，只有樣子很像，可是不是真的出家人。出家不是為了吃一口飯，而是為了離開輪迴，所以要學會控制自己的「三毒」。為了成就佛道，要先跟人結緣，有人緣，出家生活才歡喜。我們更不要懶惰，要讓自己忙著讀書、忙著工作，甚至忙著幫助別人，因為幫助別人可以跟人結善緣，也是幫助自己成佛道。

乘利

一個出家人要有忍耐心，慈悲心和感恩心。還要結緣，所謂「未成佛道，先結人緣」，不可以太小氣。出家生活不簡單，要早晚課和禪修，還有很多課業要學習，並不是無所事事。所以，只有努力、用功，才是落髮出家，修菩薩道的目的。

乘宜

今天是很歡喜的日子，因為今天新生落髮出家了。「出家」很特別，不需要下地種菜，但要努力種「菩提心」。出家人感受到「無常」和「苦」，所以不想迷迷糊糊的過日子，而努力修行，希望自己的生命有價值和意義。

乘光

沙彌學園成立於二〇一〇年，我就是當時的第一批學生。我到沙彌學園的目標很明確，就是要來出家的，不僅僅是為了讀書。還記得同年冬天的十一月二十七日，我和五位同學落髮了，當時覺得法喜充滿，感恩終於可以穿上僧衣了。當時因為年紀小，會想念父母，所以我也曾哭鬧過要回家。後來，不知怎麼安住下來後，我就從此再也沒有過想要還俗的念頭了。

其實，這個出家修道的路，要講簡單也不簡單，但要說難也不難。這全看個人是用什麼心態來出家了。我出家九年了，也曾懷疑過自己選擇出家這條路是否正確、出家生活是否太清苦等等，面對這些疑惑，我就讓「時間」和「親身經歷」去回答。

經過沙彌學園的教育後，我才漸漸明白出家的意義和使命，我們肩負著「復興印度佛教」的責任和義務。雖然說要在印度復興佛教不容易，但也不是不可能。例如，沙彌學園每年努力招收新生，每一年都有新的學弟出家，我們的僧團不斷的在茁壯當中，有「人才」、有「青年」，佛教就有希望，還怕未來印度佛教不能復興嗎？

今天，又看到新生學弟落髮的消息，心裡就非常的高興。期許大家學習師公星雲大師「佛教靠我」的精神，一生就是為了佛教和大眾，一輩子就做好這一件事，時時刻刻肯定自己選擇出家絕對正確。

乘戒

沙彌學園每年有近百人來報名入學，經過考試和面試後，通過的學生不到幾十人。沒有被錄取的原因是因為他們不具備出家的條件。

我認為一個出家人最重要的是「道心」。師公星雲大師童年出家，時逢戰亂，經過十年的叢林參學後，二十幾歲時就到台灣。雖然當時在台灣的生活很貧苦，但是師公仍然沒有放棄出家修道。因為擁有「道心」，師公很肯定自己出家的未來，他常想為佛教做點什麼、為常住貢獻點什麼，他的所作所為都是為了佛教。所以，在他「道心」的努力之下，佛法傳播到五大洲，這就是師公說的「佛教靠我」的精神。

《佛光菜根譚》說「不念舊惡，才能化阻力為助力；不退道心，必能轉煩惱為菩提」，有「道心」就能克服一切逆境，甚至把逆境轉為增上緣。記得出家一年半後，我因為要辦理一些證件，所以請假回俗家一趟。辦完證件後，在回家的路上下了一場大雨，我全身都濕透了，又沒有多帶一件中褂，所以只能這樣濕瀝瀝的忍耐著。當時，媽媽很著急怕我會感冒，就拿了在家人的衣服來給我換。可是，我非常堅決的不脫下僧服。因為，這件衣服，代表了我的「道心」。

在家裡小住幾天後，就覺得家裡的生活很不錯，除了自習以外，沒有什麼事要忙，更沒有學習上的要求。其實我知道，這是一種「懈怠」的表現。因為在沙彌學園，滿滿的課程，師長對我們的學習要求又很高，這樣比較之下，自然覺得在俗家很好。所以說要「不忘初心」，要照顧好自己的「道心」，才能度過這「懶惰」的關卡。

祝福剛落髮的學弟們，希望你們明白，出家是自己的決定，並沒有人強迫自己，要為自己的決定負責。在學習的路上，師長對我們的規矩要求，不要感到不耐煩，因為這一切都是為了成就我們而要求的。祝福學弟們「道心增長」，「不忘初心」。

乘法

小時候不懂佛教，只知道父親每天早上，都會對著家裡供奉的佛像，焚香禱告：「希望孩子們平安、有智慧，祈願家庭幸福快樂……」。天下父母心都真偉大，一心想要孩子們過得幸福，感恩我偉大的父母。

後來，父親聽說德里沙彌學園招生，便問我是否願意去應考。我對出家沒什麼概念，只因為好奇，就答應父親前往就讀。還記得入學當天，看到沙彌學園的人和物，我就非常喜歡，覺得很有文化，印象非常的深刻，我就這樣進入了佛門。不久後，就落髮成為僧團的一份子，換上僧裝，覺得很適合自己。所謂「人生難得，佛法難聞」，這輩子生而為人，又能出家聞法，這種種的因緣真的不容易。感恩因緣的成就，讓我這輩子走上出家這條路，我會好好珍惜。

《為僧之道》說「發心出家最吉祥」，出家人首重「發心」，發心跟人結緣、主動幫忙，盡心盡力做多少算多少。更要「發心」讓人接受，學習如何與人相處。因為佛光山是個國際僧團，有不同國家、不同文化、不同年齡、不同性格的人來出家，我們必須要讓大眾接受自己，這樣僧團才和樂、才有希望。只要有「發心」，我相信未來的成就是不可限量的。

師公星雲大師說「光大佛教，捨我其誰」，我們要學習師公的精神，「發心發願」走好出家這條菩薩道，「發心」培養自己的各項能力，弘揚人間佛教，努力「為教爭光」。感激師公的愛護，長老們的慈悲，感恩常住的栽培與十方大眾的護持，以此出家功德，祈願世界和平，一切眾生離苦得樂。

〰乘信

聽到今年又有新的學弟落髮出家，增加了佛教的力量，我感到非常高興。我記得當初我要報考沙彌學園時，還真不容易。如果當時沒有學生退學回來，我就要等到隔年才能報名。能來到沙彌學園這個淨土世界，又有機會出家學習，我實在感激，因為要成為一個出家人，真的不容易。我村子裡的人，為我能堅持出家至今，感到很驕傲。他們說很多本村的小孩，福報不夠，不能堅持道心，所以退學回家了。而今這些學生都很後悔，自己當初錯誤的決定。我非常感謝這一生中，所有的「有緣人」和一切的「善因緣」，成就我這輩子一個出家修道的因緣。

〰乘福

印度是世界第二大人口國，但佛教徒只佔全國人口的百分之一，而我們家就是這個少數的佛教徒之一。我爺爺是個出家人，他老人家希望我們四個兄弟當中，有一個能出家修行。我當時就希望自己將來能成為有用的人，能為社會做點好事，所以就跟爺爺的心願相應了。

但是，在印度不容易找到一個好道場，我們也只能四處打聽。後來，我媽媽從乘法的家人那裡聽到有德里的沙彌學園，希望我也能去報讀。經過一番的思考後，我就決定要到沙彌學園去出家。我發現，一個人要出家，是需要種種的因緣才能成就，尤其是在印度這個佛教已經衰微的國家裡，更是不容易。

出家後，過著修道的生活，我的人生有了很明確的方向，就是要終生當和尚。感謝一路走來，有師公、有佛光山常住師長，帶領我們走在人間佛教的道路上，還有我的家人對我無條件的護持，讓我即使遇到逆緣，也能堅持「終生當和尚」的願心。

〰 乘菩

佛教始於印度，已有兩千五百六十年的歷史。史料記載，佛陀的僧團從五比丘開始，而佛光山沙彌學園的第一批學生，也是從五位學生開始，我覺得這個巧合非常吉祥。我就是當時第一批的學生之一，這就是我跟佛光山和師公的因緣。

我來自一個農民家庭，家裡出了兩個出家人，我在北傳出家，而我弟弟在南傳出家。二〇一〇年六月二日，當時我十二歲，就到沙彌學園出家了，剛到學園時感到很陌生，因為語言文化和飲食等習慣的不同，讓我懷念家人和家鄉的食物。再加上，看到同學家人有時候打電話來，而我家裡從來沒有人打電話給我，我心裡其實是有點難過的。

後來，我就不斷提醒自己，離開了家就為了要學佛出家，要學會放下這個「懷念」的念頭，慢慢的開始從心裡接受這個新的環境和新的學習方法。出家最早的五個月裡，讓我學習到「出家」最重要的是「割愛辭親離故鄉」。

同年十一月二十八日，我們參加「出家典禮」，正式成為沙彌。從那天開始，我有了法名和一個出家人的身分，我非常法喜。沙彌學園的老師們教我們各種學問和技能，尤其是學習四種語言和人間佛教的精神，最重要的是教導我們要靠自己，要建立自信心，還有培養我們的獨立思考能力。這些學問和知識，讓我們在往後的日子裡「度一切苦厄」。

在學園讀了七年，完成高中考試後，就到泰國摩訶朱拉隆功大學讀佛教學系。同時，也去親近佛光山泰華寺長老心定和尚。感謝過去在沙彌學園，老師訓練我當庫頭、學典座，還有司打法器等，讓我有能力在泰華寺也學習負責大寮、環保、攝影、知客和中英翻譯等。所以，我覺得世界上最好的教育機構就是在佛光山。

我今年大三第一學期已經結束了，除了學校的課業，我也會讀師公的書，這對我的幫助很大。比如，有時在課堂上，老師會要求我們即席演講，我就是用平常閱讀師公書的內容去發揮。我最常使用的就是《佛法真義》，這本書的內容非常豐富，使用的語言非常簡單，讓人容易明瞭。

我覺得我很有福報能在佛光山出家，很幸福能學習人間佛教。所謂「心中有道念的人，臉上所展現的都是祥和愉快的笑容；心中有佛法的人，身上所感受的都是善人共聚的快樂」，更說「心安茅屋穩，性定菜根香；世事靜方見，人情淡始長」。所以，出家是我生命當中，最美好的時光。

花開花落，十年的出家生涯就這樣過去了。有人問我，那麼小就出家，到底知道什麼是出家嗎？我回答說，這是我過去世跟佛陀、跟師公和佛光山的師父們有很深的因緣，所以因緣到就出家了，這跟年齡無關。

感恩師公的愛護，長老們的慈悲，感恩常住的栽培與十方大眾的護持，我一定會好好學習，將來成為一個有用的人，把心放在「佛道」上，勇往直前，弘揚師公的人間佛教。

每年的沙彌剃度典禮結束後，有的人頻頻拭淚，有的人紅著眼眶。園遊會午齋安排在廣場的草地上，一長排桌子上的美味菜餚和湯，都是沙彌親手做的。

最令人感動的是，見到沙彌的父母或親屬與沙彌殷殷話別的場面，每個孩子都是父母心上的一塊肉，能送孩子學佛出家弘法，要有多大的歡喜心和捨心啊！

剃度出家

沙彌日記

「現在天氣熱，但是我們還是沒有停止學習。從早上到中午我們要上課，還有下午要上課外活動，比如瑜伽、音樂。上課的時候會很熱，所以那時候我覺得我快要瘋掉了。我問我旁邊的同學覺得熱嗎？他說覺得熱是一回事，學習才是我們的目的，所以我從他的正念上學到我也要跟他一樣用心。」

慧顯法師是沙彌學園的院長，這裡的事大都由他規劃。沙彌吃的、住的、用的、一切的一切都要設法。沙彌學習的，不論是課業或品德教育，一切的一切都要教養。沙彌在這裡長大，能自立自強、學養兼備、多才多藝，這一切都要歸功於日夜辛勞，無怨無悔的法師和老師。

我的小沙彌

捲起袖子努力做

德里文教中心創立多久黃進寶教士就來多久，他是和慧顯法師一起來德里的開山元老。黃進寶教士和慧顯法師是馬來西亞東禪佛教學院和佛光山叢林學院男眾學部同學，他結業後在台南講堂服務兩年，也曾在加拿大多倫多佛光山服務，回到馬來西亞佛光山六年，跟著慧顯法師一起來德里，時光一晃十年了。

黃進寶教士與沙彌學園緣深情重，他來到德里文教中心也是因緣。二〇〇七年慧顯法師在佛光山禪堂禪修一年，出了禪堂，星雲大師派他到印度德里文教中心，他問老同學黃進寶要來印度嗎？老同學有情有義，沒多想印度是怎樣的地方，馬上答應過來。

在德里成立文教中心，是星雲大師希望信徒從不同國家來到印度，可以有個落腳的地方。文教中心成立初期，還沒有摸索出一條弘法的路，只好先從園藝開始做起。

東邊拔草西邊長，西邊拔草東邊長，像農人在田裡拔草一樣，田頭拔草田尾長，天天都有拔不完的草。一日，慧顯法師與黃進寶教士在早勤拔草間，汗流浹背，慧顯法師豁然開朗驚覺說道：「我們到印度，不是只為了拔草而來，應該籌辦弘法利生的活動才是。」於是他們開始積極籌劃，先辦文教成長課程，也辦佛光青年團。那時是夏天，天氣實在很熱，但要做事就不怕熱，他們捲起袖子努力開始做。

佛光山在世界五大洲多個國家都成立有青年團，那是佛光山所散播的菩提種子。星雲大師說：「世界各地青年團的成立，意謂著菩提種子的播撒。不要看輕一粒種子，將來它會茁壯成長；不要看輕一點因緣，將它傳播，也會震動三千大千世界。相信佛教青年的未來，無可限量。」又說：「佛光青年團雖然是佛光會的一小步，卻是世界人類的一大步。」一九九七年佛光青年團成立，發展至今，在全球五大洲，計有近兩百個分團，所有佛光青年「菩薩的心，青年的力」，共同為推動人間佛教，實現人間淨土而共同努力。

多才多藝什麼都做

慧顯法師辦青年團，這是很有意義的活動，招募來的佛光青年，各個都是充滿熱血並有服務精神的青年，他們有理想，不怕苦，秉持著青年團宗旨和精神，連續幾年在印度偏遠地區下鄉服務，做公益，提倡三好運動，散播愛和慈悲，他們也辦義診。

活動辦了兩年成效很好。二〇一〇年大師指示慧顯法師在德里文教中心創辦沙彌學園，他們又開始忙起完全不同的事來。

辦學校，那該做的事可多了。黃進寶教士什麼都做，常住需要的，他馬上辦。像典座、烘焙、才藝、布置、法會、插花、辦桌、畫畫、美工，

需什麼、缺什麼，他就做什麼，一切都是一邊做一邊學，一邊學一邊做。黃進寶教士說，在佛學院時發過願，要服務大眾。他無法像法師那樣拿起麥克風會唱誦和講經說法，只有盡所能的去做。

黃進寶教士很慶幸自己讀了佛學院學到很多，這一路也持續學習和成長。他除了負責典座、採買、接送和一切雜事，也為沙彌上梵唄、畫畫、插花和攝影課。在說話間總是讚美沙彌很乖、很聽話。他說孩子頑皮是正常的，遇到故意搗蛋的，他都會睜一隻眼閉一隻眼假裝沒看到，任他們去玩鬧。孩子嘛……自己也曾經當過小孩，懂孩子的心。

堅強到令人想哭

黃進寶教士很疼沙彌，看到沙彌年紀這麼小就離家，不是暫時離家，是永遠離家，為弘揚佛法而出家。但畢竟是孩子，剛來時會想家、會哭鬧。他記得乘聞剛來時，有一天在洗澡時大哭，老師都很擔心，不知發生什麼事。他洗完澡出來，印法老師立刻過來關心，因為乘聞才來不久不會說中文，印法老師用印地語問他怎麼了，孩子說：「老師不必擔心，讓我哭一下，我哭過就好了。」原來他想家。乘聞很懂事，他說哭完就沒事，果然就沒事了。

沙彌的學習，學一樣就要像一樣，那可不是唾手可得，是必須下工夫的，尤其學習的是語文，不論中文、英文、巴利文或印地語都是要背的。沙彌學園課程安排多樣化，在這裡不像外面學校那樣可以混或得過且過。已在南京讀大學的乘光沙彌，有一次跟黃進寶教士說：「教士教士，我的記憶卡（手指著自己的頭）已經滿了，沒法再塞了。」黃進寶教士於是同理、同情的看著他，鼓勵他，給他加油。

學園裡每個老師，時時思考怎麼做對沙彌最好，一切都為沙彌著想。黃進寶教士說，他從沙彌那裡學到很多，但有時沙彌也讓他氣得半死。

有一次，一位沙彌在大寮值班，幫忙煮菜，邊煮邊吃，黃進寶教士看見了警告他不要再吃，沙彌不以為意，一次、兩次被發現這樣吃，這下當然得挨罵了。黃進寶教士告訴沙彌：「你做菜，可以試吃，嘗嘗味道如何？

或菜煮熟了嗎？試吃，是先試試味道，但不是像你這樣吃，要吃等開飯時大家一起吃……」下次沙彌想吃，會先問：可以吃嗎？

沙彌日記寫著：「這個禮拜我看到慧堅師父很發心來行堂分配飯菜給大眾，我覺得慧堅師父很愛常住，所以不想浪費菜，這樣的人一定會成功，慧堅師父的這個發心幫助他成為偉大的人。我們也要學，我們是出家人，我們接受別人的布施感到很欣慰……黃進寶教士負責典座，每餐準備好飯菜，給大家吃得飽、吃得歡喜。吃的時候，要吃完，不要浪費……」黃進寶教士看了覺得好溫馨也很感動。他們平時教沙彌要惜福，不要浪費，這就是敬愛常住的表現。

沙彌用中文寫日記，雖然這篇寫得不甚通順，但是意思表達很清楚。日記裡傳遞著沙彌從師長身上學習到的感恩和惜福。他們從小習慣吃餅、咖哩，來到這裡，得改變飲食習慣，適應其他的食物。現在他們吃的方面沒問題了，還能感恩和惜福，認為不應該浪費，真叫人感動。

七、八十位男生，的確讓老師們費盡心思。有的沙彌脾氣不好，經過老師苦口婆心的勸導，有了改變，人緣也好了。對待這些聰明的孩子，真的要有一套，當老師的須有十八般武藝。黃進寶教士有一次回馬來西亞老家探望母親，他對親愛的媽媽說：「我們家裡六個兄弟姐妹，您一定帶得很辛苦。」養兒方知父母恩，沙彌雖然不是親生的孩子，但是看著這些沙彌在自己眼皮下一天天長大，慢慢懂事，黃進寶教士有著當父母的心情！

這兒，夏天熱到五十度的高溫，冬天冷到零度低溫，在沒有冷氣、沒有暖氣的教室上課，真是辛苦。學園裡，看到沙彌們的身影，聽到他們下課時在圖書館的讀書聲、課餘在草地上的嘻笑聲，或坐在地板上專注練琴的悠揚旋律，或者因為酷熱，鐵皮屋二樓的五觀堂在大太陽下有七十度高溫，沙彌沒辦法在裡面用餐，老師在廚房外擺起長桌，讓他們取菜盛飯後，在一樓教室的門前或走廊找地方坐下來用餐，看似輕鬆，卻讓人心疼！

從黃進寶教士靦腆的笑容，看到他的慈悲和謙虛，這樣一位多才多藝的老師，沙彌學園少不了他！

有緣的孩子在哪裡？

德里文教中心創立的第二年，印法老師來到這裡。她念的是佛光山印度佛學院，從印度佛學院結業後，來德里學英文和電腦，課程結束後發心來服務。

印法老師來到時，沙彌學園還沒成立，文教中心只有三個人，一位是慧顯法師，一位是黃進寶教士，另一位就是印法老師。他們三人在一塊雜草叢生的荒地從事開山的工作，那種篳路藍縷是難以想像的。

他們三人開始籌措沙彌學園建校。當時要招生，還不知道學生在哪裡，印度這麼大，要去哪裡找有緣的孩子？

慧顯法師和黃進寶教士帶著勇度和他的表哥南格前往北方邦招生，認識一位當地的佛教徒印度佛教青年會（Youth Buddhist Society，簡稱YBS）主席蘇雷士（Suresh）居士，聊起沙彌學園招生的事，他願意幫忙，於是就與沙彌學園配合，由他幫忙先找釋迦村中有孩子的佛教家庭。慧顯法師為他們講解沙彌學園的招生事宜，家長們聽了很有興趣。

如何培養沙彌，讓他們好好讀書和學習，將來出家，學成後回印度復興佛教……家長聽到孩子有書可讀，又能受到好的照顧和教育，還能出家弘法，或出國留學，對復興佛教有貢獻。家長感到孩子有前途，於是帶孩子來面試。法師先跟有意願的家庭溝通，為孩子一一拍照。

回到德里後，慧顯法師向老師說明，有意願來沙彌學園就讀孩子的家庭背景，三人就這些考察資料進行討論，對孩子加以篩選。第一屆來了二十六位，篩選後留下十一位。這最早的一批，後來多數不適應這裡的飲食、生活作息和學習，紛紛回家去了，最後只剩兩位。招生不足，學園又篩選了另一批，選了三位，所以第一屆的學生只有五位。

小沙彌語言學得快

印度種族多、語言多，各族各村都不一樣，隔一個省，文化、語言、名字的寫法全都不一樣，真的像到了外國。

沙彌進來學園後，開始學中文和英文，印法老師用很直接的教法，每天早齋時，沙彌伸手拿盤子，她就教他們盤子的中文和英文，教水果名字時，就帶去廚房，直接看擺放在架上的水果，這是什麼水果、那是什麼水果，中文、英文怎麼說。慢慢用這種方式認識了蘋果、芒果、香蕉等。

到了晚上，教沙彌將今天白天學到的中文和英文，一個字一個字寫出來。剛開始學寫字，是由印度尼赫魯大學前中文系主任葉書君教授，她教簡體字以羅馬拼音為主。第一年沙彌學會許多單字，但用中文交談還不行。後來學習中文分成簡體和繁體兩種，就用拼音和注音兩種教學法。

沙彌初來學園時跟老師對話，講的語言也不同，他們看到印法老師就講印地語，看到慧顯法師就講中文，現在一般的對話都講中文。印法老師說，她剛學中文時也覺得說和寫都很困難，但沙彌學得快，大部分沙彌學了兩、三年中文，就說得很不錯了。

除了剛開始的翻譯和教沙彌學中文，印法老師還教沙彌梵唄、唱誦，唱誦的經本有羅馬拼音，所以讀音沒問題。

你長大慢慢就會知道了

沙彌學園創校後，孩子陸續進來，年紀小又初離家，有的孩子還不會料理自己的生活起居。沙彌離開俗家、離開父母，來到這裡，老師的角色就像是他們的父母，必須擔起一切的教養責任。

沙彌六、七歲，印法老師幫他們洗澡、洗衣服，大約三年後，他們就可以自己洗澡、洗衣服了。沙彌剛來時，刷牙的方法不對，印法老師一位一位教他們如何正確刷牙，教他們怎麼洗臉，也教他們怎麼洗澡。

沙彌來到陌生的地方，心中難免慌亂，不知道如何自處，更不知如何與同學老師相處，老師也是從零開始，還要加上很多很多的耐心和愛心。

沙彌學園開校第一屆時，還沒有學務組、總務組……一切的一切，該做的所有事，就由當時的幾個人全部包辦，包括早課、晚課、洗衣、打掃、接待、煮飯、行堂、打板等等，那時也沒洗衣機，客人來了，客人走了，慧顯法師親自用手洗床單，洗到皮膚都破了。

沙彌當起學長時，他們也須負責照顧沙彌學弟。學長幫他們洗衣服、

隔離線外的風景

摺衣服、洗澡、補衣服、補襪子。半夜沙彌學弟要去上淨房，自己一個人不敢去，學長陪著他去。

每年面對一批新生，老師還是得從頭開始；不同的是，經過許多年的訓練，大家都知道該怎麼做，可以讓沙彌儘快進入狀況。印法老師說，曾經有拉達克的四位孩子來學園就讀，年紀有六到八歲，其中一位六歲的沙彌，對德里的氣象很不理解，因為他從小生長和熟悉的故鄉拉達克，氣候四季分明，他年紀小但觀察力強，會注意到季節的變化，也感覺到氣溫的不同，所以剛來德里時，總是非常困惑。有一天他問印法老師：「為什麼太陽不在天空中？」印法老師的手指向天空說：「在啊！那不是天空嗎？」沙彌還是不理解，因為他沒看到天空，他印象中拉達克的天空是藍色的，德里的天空是灰濛濛的看不到藍色，他以為天空不見了。他又問印法老師：「冬天什麼時候來？」老師說：「現在十二月，就是冬天啊！」他說：「冬天會下雪，這裡沒下雪啊？」沙彌的問題，印法老師一時不知該如何回答。

剛好有一位義工老師在，他跑去問義工老師，但老師聽不懂拉達克語，不知道孩子在說什麼？沙彌更困惑了，又跑來問印法老師，為什麼他講的話老師聽不懂？

六歲的沙彌，他以為全世界的人都講一樣的話。印法老師說，你問的那位老師是新加坡人，所以聽不懂拉達克的話，而沙彌不知道什麼是新加坡。印法老師說世界很大，有很多很多不同的地方、有很多很多不同的人、有很多很多不同的語言。沙彌又問，老師是人，為什麼聽不懂人的話……印法老師只好對他說：「你長大慢慢就會知道了。」

難以入口的青菜

沙彌來自不同的省，他們在家鄉吃的食物也各不相同。拉達克人較能接受中國的食物，因為他們慣常吃麵食。北方邦的沙彌剛來時吃中國菜，看到青菜就哭得唏哩嘩啦，不肯吃。他們家鄉也吃青菜，但做法不一樣，青菜都是切細絲再去炒，菜餚端上桌時已看不見青菜了。沙彌沒見過整盤的青菜，第一次吃的時候，不知那是什麼，不想吃、不敢吃。有些沙彌吃不習慣，也口味不合，因而打退堂鼓不來了，留下的沙彌須經過一年，才會接受這裡的食物。

口味不對，還得天天吃，要熬一年也不容易啊……所以留下來的沙彌，都是通過長期磨練留下來的，不適應的，來了一、兩週，最多一個多月就走了。

沙彌經過種種考驗，從離家、離開父母和熟悉的環境，到一個完全陌生的地方生活和學習，到完全明瞭自己將來要出家，一輩子做和尚，還要擔起復興印度佛教的重責大任，這一切能挺過來也適應，其實他就已經長大了。

當沙彌堅決留下來問他想回家嗎？他會哭著說不想回家。他已經完全接受這裡，也知道自己的將來，也就不會再回家了，除非是要辦護照和簽證。但即使出家，還是有家人，俗家的父母永遠是他的父母，親人會想念出家的孩子，所以一年有兩次父母親屬可以來學園探視。

沙彌回鄉辦護照

印法老師說，第一批沙彌回家鄉，是因為他們要回台灣，必須親自辦理護照簽證，她帶沙彌回去協助他們辦理，這一去就是三個月，辦證件時沙彌年紀小，父母也要一起陪同到地方上的相關單位去面試。印度辦護照和簽證不容易，有時需半年到一年才會批准下來，這期間警方會來查核，沙彌必須留在家裡，不能讓警方找不到人。有一次等了兩個月沒消息，就讓孩子先回學園讀書，有消息再趕回家，等了幾天沒等到消息，又趕回學園上課，這樣跑了一次又一次，真是大費周章。

慧顯法師說現在都等沙彌滿十五歲才辦護照，他們大了可以自己回家辦理；遠一點的，像住拉達克的沙彌，老師會帶他們回去。坐車要三天，搭飛機一小時，家長來會合，然後接回家去，由家長幫孩子辦理，沙彌回家前，先跟家長講好，請家長先將資料準備好。有一次一位家長說已經備好了，可以將沙彌送回去，他們送沙彌過去後，家長卻什麼資料都沒有，因此耽擱了很多時間，也耽誤了沙彌的課業。他們能理解，沙彌離家久了，父母思念，希望將孩子多留在身邊一段時間，能留多久就多久。

遺憾事不再重演

學園曾經流失過一位沙彌，這一位沙彌父母親離婚，由叔叔撫養。有一天媽媽來學園，哭著說昨晚奶奶往生，要將孩子帶回去幾天。長者往生，兒孫都要在，這情況必須尊重，評估後同意媽媽的要求，老師也為沙彌準備些衣服和零用錢帶在身上，媽媽說三天後會帶孩子回學園，結果沒回來。老師打電話給叔叔，叔叔竟然不知道這事，還說孩子的奶奶好好的沒事，現在就在他身旁。原來是媽媽騙了老師，自己把孩子帶回去了。那位沙彌很乖巧，老師希望他趕快回來繼續讀書，等了一個月還是沒回來，聽說沙彌想回學園，媽媽不准，沙彌被媽媽關起來，不讓他出門。

學園從沒發生過這樣的事，這是一次很嚴重的事件，但是已經發生了，儘量想辦法補救。於是打電話給媽媽，她沒接，再打過去，是一位男士接的，把老師罵一頓。印法老師無法再與他們溝通，最後只好說如果不回來，還是請你們來學園一趟，帶回孩子的資料，可是他說資料不要了。將來沙彌要去其他地方入學都需要的這些證件，他們卻不要了。老師心裡很難過很難過，忍不住哭了……。

這沙彌在這裡讀了一年書，大家都很捨不得，沙彌的叔叔和奶奶若沒出面處理，也就沒辦法了。從此以後學園對這類事情的辨別更加留心，後來得知孩子留在媽媽身邊，媽媽送他去當童工。

生病了怎麼辦？

沙彌在一起難免發生跌倒、碰撞、受傷等意外事故，印法老師說那很正常，他們隨時都會處理這種小傷。但是有一次慘痛的經驗是沙彌長水痘，那次真的很辛苦，現在回想起來，好像夢一場，不知當時是怎麼熬過來的？

水痘，是一種病毒性的，也是會傳染的疾病，一個房間住了十六位沙彌，只要一位長水痘，就會傳染到全部中獎，印法老師說，雖然已經將患者隔離，其他沙彌還是很難倖免。那次水痘發病的情況非常嚴重，有的沙彌全身長水痘，長到連眼睛、鼻孔、嘴巴裡面都有，看了實在心疼。黃進寶教士負責煮飯，煮些易消化，好入口的食物給沙彌吃。老師隨時注意沙彌身上的水痘，水痘會癢，要他們忍，不可以抓破，如果破裂會更難處理。

慧顯法師採用傳統的自然療法來醫治沙彌。印度有一種苦楝樹，沙彌學園的校園裡有好幾棵，是枝葉茂密生命力強的老樹，這種樹是一種很有用的藥。沙彌睡過的床單每天都要洗，在換上乾淨的床單時，就在床單上鋪一層苦練樹的葉子，水痘破的話，葉子的藥性作用，讓皮膚不會留下疤痕。那幾棵苦楝樹長得高大，葉子很多，老師們每天摘葉子煮水，給沙彌洗澡。老師親自給孩子護理，讓孩子自身的免疫力發揮出來，對抗病毒，讓病情自然好轉痊癒。

那次的水痘疾病，沙彌陸續發病，歷時三個月，每位沙彌須歷經約十五天病程。那段時間正好心培和尚來，當時有十六位沙彌被隔離。不是全體沙彌都長水痘，有的抵抗力強的，沒被傳染，但也有外聘老師抵抗力弱的被傳染了。印法老師日夜照顧生病的沙彌，幸好沒被傳染，辛苦度過那次的校園水痘疫情。

沙彌白天上課，晚上住宿都在一起，集體生活中較易被傳染的疾病還有感冒。印法老師說，冬天是感冒的高峰期，只要一位沙彌感冒了，會一位傳一位。感冒也有一定的病程，除非嚴重到須送醫，一般都是靠沙彌自己的抵抗力，讓身體的自癒力來對抗病毒。學園位在郊區，進城就醫耗時，法師和老師樣樣都要懂，因為沙彌隨時都可能有突發狀況發生。

印法老師照顧沙彌一起成長，多年來已經很清楚沙彌的問題，也都能不慌不忙的處理，像是位老神在在、經驗老到的媽媽。

沙彌的日常生活

沙彌學園創校至今，有八年的時間沙彌的生活起居是由印法老師管理。

回想學園剛創立時，每天早上都像在打仗，自己起床後，趕緊去叫醒孩子，教他們刷牙、洗臉、穿衣服、整理床鋪。沙彌做好內務，自己覺得行了，馬馬虎虎就想混過去，老師都要一一糾正，讓他們確實做到。

學園的寮區，分為兩部分，一部分是有床位的，一部分是沒有床的大通鋪。每個沙彌擁有一個箱子，放自己的衣物和個人用品。沙彌每天早上起床，摺好被子，老師會檢查。現在沙彌都自己洗衣服，年紀較小的沙彌，可以用洗衣機洗衣服。學園裡設有衣單組，衣襪破了，衣單組會幫忙縫補，印法老師也經常幫忙這一塊。襪子破了小小洞，儘量讓沙彌自己縫補。老師會告訴他們這點小事，要學會自己做，不要都靠別人為你服務。孩子開始試著學習縫補，真的補不好，才去幫忙。

男生的運動量大，天氣熱，新陳代謝快，會產生許多衛生問題。像沙彌夏天穿著較為涼爽的中褂，還是必須穿上長襪。腿上腳上包得緊緊的，肯定流汗多，腳臭、腳破是難免的。學務組的老師每天要檢查，有香港腳的，醫療組會處理。孩子生病不舒服，像腳癢、腳破，他們自己會去找負責醫療的老師處理。印法老師說，若情況較嚴重的，負責的人會來告訴老師，老師會準備拖鞋給他們穿，保持腳部的通風乾爽。

住在外國的醫師來一趟不容易，進德里市區的醫院看診也不方便，沙彌這種青少年常患的疾病，老師帶孩子去看病，看著醫護人員怎麼處理，都得學起來。

後來慧堅法師調來學園負責學務，印法老師則轉任總務組。黃進寶教士負責典座和日常的採買，全權處理廚房裡的事。勇度老師負責教務組，管理課程和學業。學務組的慧堅法師常要扮黑臉管沙彌的秩序、生活及品德教育等。就這幾個人，所以除了自己分內的事，任何時候哪個環節臨時需要人，他們都會隨時補位。除了生活和管教，他們也為沙彌上課，其他專業老師就外聘，也有幾位很發心的義工老師或單位長期來教孩子中文。

慧堅法師算是沙彌學園的新人，來這裡剛好一年。看去溫和，總是帶著笑容的慧堅法師，是生長在印度的華人，是印度加爾各答華僑第三代。他從印度到台灣佛光大學讀書，再去念佛光山叢林學院，三年級時出家。二〇一八年八月到沙彌學園服務。

雖是新人，但是慧堅法師對沙彌學園並不陌生，因為他還在念叢林學院時來過沙彌學園當義工，再回到學園，他的身分已是佛光山的出家法師。一回到這裡，他立刻接下重任，負責學務，主要管理日常生活秩序。

慧堅法師是男眾，現在由他來管理沙彌的生活起居就更方便了，有關生活上的一切全歸他管理。早上起床打板，叫醒沙彌，沙彌起不來，學務老師要一位一位去叫醒。從早忙到晚上，直到沙彌上床睡覺為止。現在有沙彌學長一同協助，一切都上了軌道。

慧堅法師每天都很早起，忙了一天直到晚上，沙彌睡了，他還不能睡。每天早起晚睡。有時在睡夢中念念有詞說夢話，一會兒叫某某沙彌的名字：你怎麼不趕快起床？一會兒說某某沙彌：你還沒洗澡嗎？

晚上九點四十下課，九點五十五分全體沙彌一起到大殿唱〈普賢菩薩警眾偈〉，然後回寮房安寢。同學都去睡覺了，輪到典座組的沙彌整理廚房，準備明天的食材等，一切就緒才安寢。

練功學武樣樣來

沙彌在不同的教室裡學各種樂器，隔天又見他們在打拳，沙彌這些課程是怎麼安排的？

慧堅法師看著在草地上遊戲的沙彌笑著說，這裡的孩子很幸福，有他們喜歡的音樂和運動可以學習，早上在教室上課，下午隨自己的興趣選擇喜歡的活動。

週一有武術，鍛鍊體能，練忠義拳、四平棍、長棍等。週二自行練習瑜伽，週三、週四兩天有音樂，有各種傳統和現代樂器，沙彌依自己興趣選擇，有專業老師指導。週五運動，沙彌可以打羽毛球、板球、足球、籃球、拉單槓等。週六早上放香，全體沙彌大掃除整理環境。週日上午，除了本地的義工，還有台北駐印度經濟文化代表處的人及中國留學生來當義工，為沙彌上中文課，繁體、簡體中文都有。除了中文課，還有講故事、作文、播華語新聞加強聽力，準備將來的華語測驗。週日下午，有專業老師指導瑜伽，有的沙彌已取得瑜伽師資培訓合格證。包含靜態的課業和語文、佛法、梵唄，還有動態的各種武術、音樂、才藝等，是六藝並重的教育。

除了擔任學務，慧堅法師也為沙彌上課，課程有《宗門思想》、《大師語錄》、《菜根譚》、《佛陀本懷》、《星雲說偈》等，這些星雲大師的著作用白話寫，淺顯易懂；用故事講佛法，也好聽易懂。

日日夜夜，念茲在茲，在學園沙彌是老師們的一切。這小小的將來要在印度復興佛教的幼苗，在老師全心全意照護下，一天天茁壯。

勇度老師勇渡而來

來自拉達克，長得黑黑壯壯的勇度老師，看去讓人感到很有安全感，他也是德里文教中心和沙彌學園的元老之一，二〇〇八年來當義工時還在Kashmir University讀大學，後來由慧顯法師推薦他到佛光大學讀佛學碩士。二〇一三年畢業回國，回到中心來發心。

來此的因緣是表哥南格的接引。提到南格，參加佛光山印度朝聖團的佛光人幾乎都認識他。南格是佛光山叢林學院結業的，回印度後經營旅行業。

勇度老師當義工時就是一位勤奮又熱心的青年，什麼事都不落人後，協助辦義診活動、夏令營，帶青年團，是慧顯法師得力的左右手。

從台灣學成歸來後，勇度老師負責教務，以及印度佛光文化的出版事務。他會英語、印地語和母語拉達克語，也會一點中文，因此在這裡他可以學以致用，發揮所長。

教務組除了安排學園內的各種課程之外，也聘請外面老師來教授專業課程。開課需要的專業老師，是由勇度老師去接洽和聘任。除了這些行政工作，也教英文佛學、英文佛學名相、人間佛教文選、英文佛典故事。沙彌的生活和行為，他也會隨時注意關心。

沙彌進學園就讀一年級開始，與一般學校一樣會有考試。六年級時，學園內會先為他們做一次總測驗，考考他們的學習成果，了解他們是否已具備了印度學制中的初中程度。七年級時，沙彌必須讀完印度高中的課程，八年級參加高中考試，是印度學制的十一、十二年級。

栽培翻譯人才

印度佛光文化成立八年來，已經出版了四十二本美國佛光出版翻譯的星雲大師英文著作、十本德里文教中心翻譯的印地文書、兩本淡米爾文書、兩本孟加拉文書、三本雙語《沙彌日記》（中印）、一本中文《沙彌日記4》，以及三張沙彌歌集CD，還有即將出版的《三皈依》印地文版本。

印度佛光文化，既是翻譯中心也是出版中心，不過這個佛光山在印度重要的出版機構，勇度老師獨挑大梁，校長兼工友，一人全扛。沙彌中有好幾位對翻譯非常有興趣，他們也自行翻譯師公寫的〈祈願文〉。沙彌從事翻譯，也成功翻譯了不少，有了成就感，更加躍躍欲試。老師在語文課程的苦心栽培有了成果，將來印度佛光文化出版中心翻譯人才，令人期待。

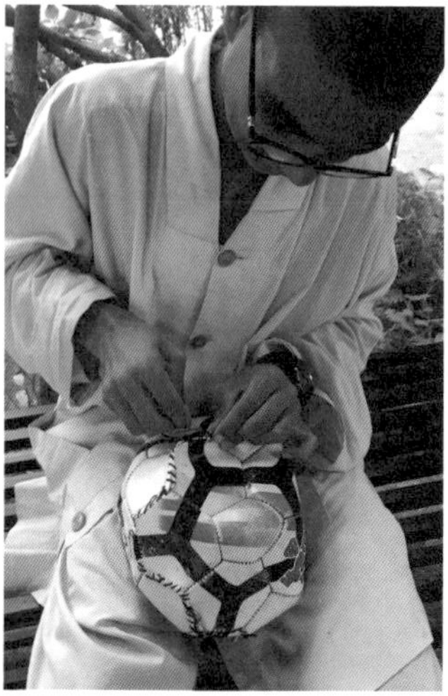

翻轉孩子的未來

勇度老師回憶來德里文教中心這些年，看到沙彌們一屆一屆進來，一年一年升級，一個一個轉眼都長大，活活潑潑、健健康康的，他很欣慰。沙彌生病須帶去就醫時，都由勇度老師負責。他是印度人，與當地人溝通較容易，各種對外的公關除了慧顯法師，有時也靠他協助。

學園招生從第二屆起，家長和學生都自動來報名。法師和老師傾全力教養沙彌，沙彌長大去念大學，他看到這些學養俱佳，又有威儀的沙彌，深深覺得教育的重要。教養沙彌是在培養佛教僧伽，這些孩子從前沒受到好的教育，學習和心靈上都較為欠缺，來到沙彌學園後，這裡有好的環境、好的老師，培育好的人才，他覺得能在這裡工作，很有意義、很有價值，也很有成就感。

勇度老師說有緣來此學習的沙彌，真的有福報，要有很大的因緣和幸運才有機會來這裡。外面的學校很多，很難找到像沙彌學園這麼好的學習和生活環境。沙彌學園與外面的私立學校和國際學校相比，不論在程度、資格、設備及師資上都具相當的水平。學園為沙彌多方設想，翻轉這些孩子的未來，他有這機會來此服務，參與沙彌的教育，感到很榮幸。

歸零的決心

要有多大的決心，才能離鄉背井到一個語言不通的陌生國度安住下來，還要教一群語言不通的外國孩子學中文？看去高大又強壯的王思涵老師，就是一位有如此決心和毅力的人，大家都稱她阿川老師。

阿川老師來沙彌學園邁入第四年了，從台灣遠渡重洋來印度的因緣，起因於參加二〇一五年「佛光青年印度公益旅行團」。公益旅行是下鄉服務，推廣星雲大師提倡的三好運動，傳達什麼是「說好話、作好事、存好心」，教偏鄉的孩子佛法，散播一粒粒的菩提種子，她相信這些種子有一天會生根發芽。

就是這樣的因緣，阿川老師回台灣之後跟如彬法師說：「師父，我覺得我還要再去一次，這次我要留下來。」法師問：「真的嗎？妳經歷過夏天沒有冷氣、電風扇和不能洗澡的日子，妳確定能忍受嗎？」阿川說：「沒關係，都去過一個月了，沒問題的！」所以二〇一六年她又來了。

阿川老師是南華大學幼教系畢業的，經過實習後考取了國際教師證照，就來印度了。由於阿川是讀教育的，覺得在這裡可學以致用。選擇留在沙彌學園，是因為沙彌的教育跟一般學校不一樣。他們是小小出家眾，都是請外面的老師進來教他們。這裡缺教中文的老師，她就留在這裡。

前前後後參加過四、五次公益旅行，去過佛光祖庭大覺寺、南非和印度，阿川老師早學會到任何地方去都要將自己的心歸零，因為每個地方有不同的文化，飲食差異也很大，只要尊重就能過得很安穩、很開心。

參加公益旅行團可以開闊視野、服務大眾，和留在沙彌學園教書是大不相同的。來此對她而言，是人生一段很不一樣的經歷。在這裡，她是外國人，教沙彌中文，她剛來不懂印地語，無法與沙彌溝通，「怎麼教？」考驗才要開始。

逼自己學印地語

來了兩、三年的沙彌，已經學會中文，上課沒問題，都能聽懂，但是剛進學園的沙彌完全聽不懂中文，阿川老師的英文不好，無法與他們溝通。剛來沒辦法教新生，只好拿卡片給沙彌看這是什麼？沙彌用印地語回答她，她也聽不懂，只好請教懂的老師，趕緊記下讀音。為了與沙彌溝通和教他們中文，必須逼自己學印地語。有一次她問一位沙彌：你叫什麼名字？沙彌忽然大哭，把她嚇了一跳，心想：我只是問你叫什麼名字，為什麼哭起來？後來才知道，他只是害怕，因為她是外國人，講的是他聽不懂的中文，好像遇到一個外星人跟他嘰嘰呱呱在說話，他就害怕得哭了。

沙彌寫作文方面比較弱，阿川老師分析，沙彌寫作較差的原因，可能跟中文發音的四聲音調有關，印度人較難釐清四聲，像「放」和「方」，一個是四聲，一個是一聲，沙彌們會混淆；比如寫作文時「請你把這個東西放那邊」，他們寫出來會變成「請你把這個東西『方』那邊」。把四聲「放」念成一聲「方」，寫出來就是「方」字而不是「放」。中文發音，加上輕聲，共有五個聲調，英語和印地語沒有那麼複雜，所以沙彌發音若不準確，嘴裡講出來的音，就變成為寫作文的錯別字。

阿川老師的中文課

對於寫中國字，阿川老師說一些筆畫多的字，他們寫起來會打結，孩子們覺得寫中國字像在畫圖一樣。有些字詞，在解說時要以形象或故事來加強，像雨傘的「傘」，阿川老師會說，下雨了，有幾個人躲在一間房子裡面，就不會淋到雨……把「傘」字拆開來，一一解說，像這樣的象形圖解，可以幫助沙彌了解字義。

一次不能教太多，一節課四十五分鐘，大概教八個生字而已，規定他們把這八個字念好、背起來、練習寫好。對非中文語系國家的沙彌，算是厲害了。沙彌學長畢業後去佛光大學和南京大學念書，中文進步飛快。他們會將大學的學習心得與在印度的學弟分享，法師每次看他們寫回來的內

Silence

容，報告生活和學習的情形，以及所見所聞，都看得很開心，因為他們的中文更進步。

有一位就讀佛光大學的沙彌學長乘提，以前不喜歡寫文章，現在竟然會寫簡單的詩句，雖然文法和字體上還不完全成熟，但是已經有很大的進步了。

阿川老師常給沙彌聽六分鐘的佛典故事，藉由故事中的對話要他們聽完故事後先描寫一段聽到的內容，寫好後自己看一遍，想到要加什麼，再寫下來，然後將第一段和第二段再看一遍，想想還要加什麼，阿川老師用這方法訓練他們作文。

繁體中文和簡體中文，沙彌有時會混淆，寫文章時繁、簡體混著寫，部首和字錯搭，寫出一半簡體一半繁體的字，老師會加以矯正，告訴他們繁、簡體的正確字形。阿川老師也因此學會了簡體字。

沙彌遇到不懂的字，會自己查字典。沙彌畢業前，在書寫上已經有一定程度了，有時會出現像英翻中的顛倒句，比如「先洗手」，寫成「洗手先」，說話方面比較好，但偶爾也會說出字句顛倒的話。

阿川老師的中文課，有古詩、新詩及讀詩詞。為加強語文程度，偶爾也安排文言文篇章，如〈五柳先生傳〉、〈愛蓮說〉；因應端午節時節，講屈原的故事，一首寫屈原的流行歌曲〈離騷〉也成了教材，沙彌喜歡這首像現代詩的歌。

一發心就留下快四年了。阿川老師參加公益旅行，下鄉做公益，宣導三好運動的精神和熱情，絲毫不減，就是這份真誠的愛心，讓她留在這兒教育沙彌，樂此不疲。

沙彌喜歡看書，下課或課餘時間經常主動在圖書館閱讀各種書籍。他們齊聚在圖書館，各自找一個舒適的角落，有的站著專注的找書架上的書；有的坐在椅子上、地上，或靠著書架舒服的看書；有的戴上耳機聽音樂、聽故事。他們看的書種類多樣，有中文的、英文的、印地文的；有童話、有小說、有歷史書，也有地理和科學等方面的，可見沙彌興趣廣泛，求知若渴。

沙彌日記

「義診團隊的成員有來自台灣、馬來西亞、印度、新加坡等不同地區的醫師和義工，我相信是因為我們『宿世有緣』才能那麼快樂的相聚在一起。這個緣分很不可思議，我們必須珍惜這個因緣，因為下次是否還有緣分再相聚去幫忙別人，那就不一定了。很感謝病患願意來給我們一個機會服務他們，我們才能修菩薩道、行菩薩道。」

印度的面積非常大，相對需要幫助的人較多，因此「以慈善福利社會」是比較容易走入社群的切入點，德里文教中心以籌辦義診爲慈善救濟最重要的使命之一。在印度的佛教徒大部分皆偏向宗教修持和學術討論，進行社會關懷工作的部分比較缺乏。

從二〇〇九年起每年展開的義診，其籌備與工作模式已經逐漸上軌道，受到當地社區的歡迎，還有數個國外單位聯繫德里文教中心，希望能相互配合到印度偏鄉進行義診的工作。

慈悲的腳印

打開義診那扇門

義診，讓病患看到希望，感受到關懷和愛；義診，讓健康者激起慈悲，領略病苦，對佛法中所說娑婆世界的無常和苦，更能深刻體會。

德里文教中心創辦不久就開始舉辦義診，他們深入缺乏醫療的遙遠偏鄉，以義診的方式醫治及緩解當地居民的病苦，也以義診與大眾結緣，把「人間佛教」的精神散播到印度各角落。

每次去義診前的準備工作，須花費不少時間和人力，加上看診地點在遙遠的地方，實際義診天數只有一週，時間雖短暫，卻帶給病人無窮的希望。有些偏鄉的居民，一輩子都沒進過醫院、沒見過醫師，有病也就這麼忍受著病苦過日子，直到老死。現在有醫師免費替他們看病，還給他們治病的藥，經過診治有些病症減輕了、有些疼痛消失了、有些傷口癒合了，或者因為有人關心而不藥而癒了。

慧顯法師來到德里思索著可以為這裡做什麼？文教中心這處佛寺道場，位在德里郊區，離市區有一段距離，交通不甚方便。剛開始嘗試辦一些成長課程，但這裡的人為了生活而忙碌，對上課沒有興趣，一方面他們早有自己習慣膜拜的寺院。我們辦了幾次課程，當地人說地方太遠、交通不便，他們不來，成長班就這樣無聲無息的結束了。

初來乍到剛要起步，慧顯法師心想不如先到印度各地走走看看，能否從中找到使得上力的事做。經過考察，發現印度的城鄉貧富差距太大了，鄉下人的生活貧困到無法想像，他們發現偏鄉非常缺乏醫藥。

前往考察時，有些醫療人員身上帶著止痛藥或是舒緩疼痛、腰痠背痛的藥膏，這些藥雖不能根治，但至少可以暫時解除疼痛，大家都很歡喜。於是就萌起辦義診的想法，到偏鄉與他們結緣。

坐而想不如起而行，於是開始付諸行動，第一次團隊出動去義診是到喜馬偕爾邦，那次是跟台灣行動醫療團隊「國際合作協會」合作，開啟了佛光山德里文教中心的義診之路。

首三年的西醫義診，分別前往印度西北部喜馬拉雅山區喜馬偕爾邦（Himachal Pradesh）的Kee村、克什米爾省（Jammu & Kashmir）的拉達克（Ladakh）和Zangskar區、印度北部最大的行政區北方邦（Uttar Pradesh）、比哈省（Bihar）與尼泊爾（Nepal）的偏鄉進行，在佛陀的故鄉播下人間佛教的種子，期望能在這一片土地上為復興佛教的發展跨出腳步。

對偏鄉大眾的病患來說，義診團隊的到來，讓他們感覺到有人關心他們。義診的善行，受到極大的歡迎，也引起印度各地和媒體的注意，後來義診團隊跟台灣奇美醫院等單位合作，在印度幾個地方提供醫療服務。

義診從二〇〇九年開始，到第四年（二〇一二年），德里文教中心與馬來西亞的中醫師合作組織中醫義診團，成為第一支有組織與規模，在印度投入中醫義診工作的團隊。中醫進駐後，成了固定的醫療團隊，合作至今。

佛光山印度德里青年團成立，為了鼓勵並激發青年的菩提道心，利益眾生，文教中心決定舉辦「佛光山印度德里國際慈善義診隊」走入喜瑪拉雅山山腳下進行義診與發放物資慈善活動。

為了義診能順利舉行，黃進寶教士率領青年團長及幾名委員，經過三天三夜的車程到印度北方的村落探望當地的居民，發現當地缺乏醫療，居住環境貧瘠，當地居民過著簡陋及三餐不繼的日子，學校連可讓學生們上課的桌椅也沒有。因此，義診團隊決定集合馬來西亞、台灣、中國、印度的醫療隊及義工，進行八天的國際慈善義診活動。經一波三折後，才得以完成義診籌募工作，團隊終於組織起來。

慈悲，將許多人聚集在這裡。

十年義診之路

／二〇〇九義診

三十二人分坐四輛小貨車，橫跨喜瑪拉雅山脈，歷經了兩天兩夜的車程，一座山跨過另一座山，經過海拔四千多公尺高的世界著名雪山公路 Rohtang pass，崎嶇不平的山路非常顛簸。

令人不可思議的是，高原地區還遇上塞車。繞著山路一圈圈的車龍，但大家都沒有像在都市塞車般懊惱，途中還下車拍照，在這令人心曠神怡的喜瑪拉雅山山腳下，到處是一幅幅的美景。

國際慈善義診團隊遠赴千里外 Lahaul & Spiti 縣的 Kee 村進行義診，「二〇〇九佛光山印度德里國際慈善義診隊」的布條終於掛在擁有千年歷史的 kee 村老人院。

經過一天的休息，團隊精神抖擻的「開工」啦！走過這條艱辛的路，每個人深深體會助人為快樂之本的真義，團隊醫師有感而發：「在這兒我們付出一點愛心，卻得到心靈的滿足，深感助人為本的快樂，從今以後世界上能有我付出的地方我都願意付出。」

「哈達的貴重，勝過白銀千萬兩；比潔白的雪山還高大，比寬闊的草原還寬廣，哈達的情意比江河流淌還要長遠。」「哈達」是團隊在此收到最多的禮物，小朋友排隊獻哈達，哈達就如歌曲所唱誦，是最純潔、最誠摯的心意。

村落約三百戶人家，以雅麗安、蒙古及東歐人為主要民族，由於言語無法溝通，因此，印度德里青年在當地找來年輕義工擔任翻譯，由德里青年翻譯給醫師，過程雖有些冗長，但大家都很有耐心。這兒的衛生條件不佳，醫師發現這裡的孩子患有寄生蟲和蛔蟲的疾病，在城裡已非常少見。因為他們從小就用手來吃飯，村民大都沒有洗手、洗臉，以及飲用沒有煮沸的水。

醫師進一步觀察發現村民的飲食結構非常不健康，他們愛吃各種由一些麥粉或醣類所製成的印度麵包或薄餅等，少吃蔬果，容易出現各種因營

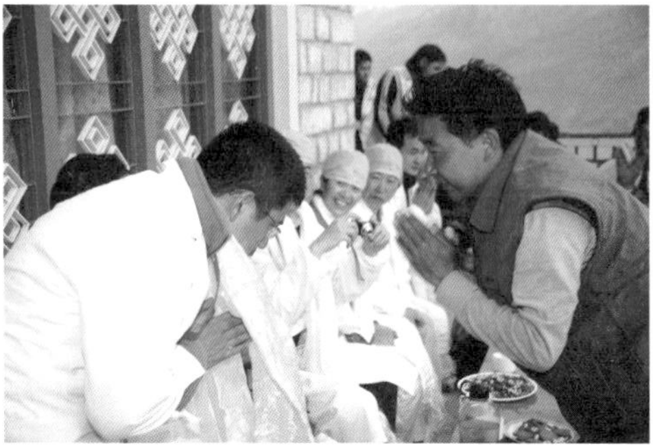

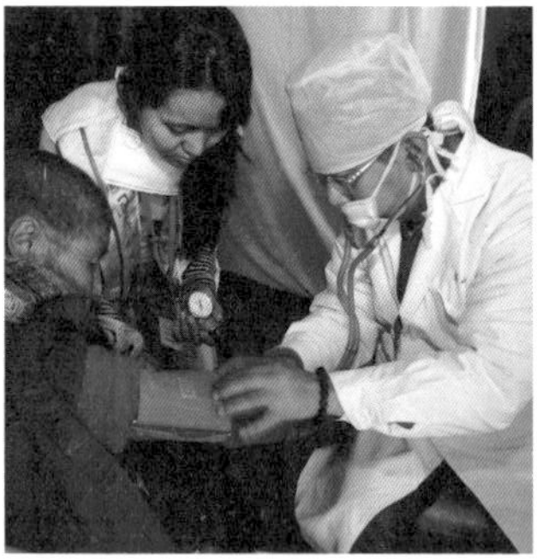

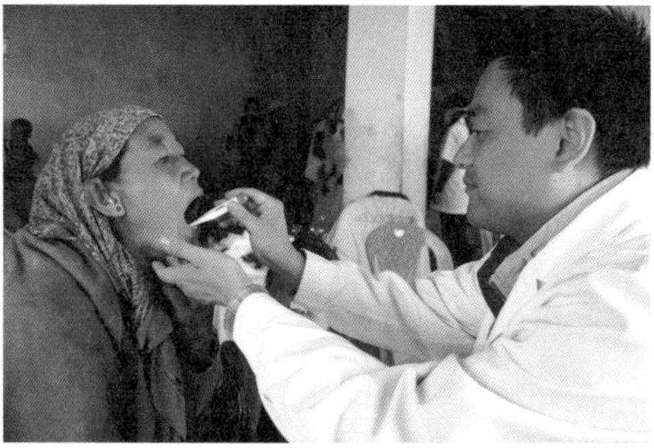

「國際慈善義診」
MEDICAL CAMP 2009, INDIA
主辦單位：國際佛光會青年總團部印度德里
ORGANIZER: BUDDHA'S LIGHT ASSOCIATION YOUNG ADULT DIVISION

養素不均衡所引發的高血壓、糖尿病等問題。

為了迎接義診團隊的到來，印度德里文教中心青年團團長 Gelek Phunchok 的堂哥一家人放下手邊的工作，每天早上四點起床為義診團隊準備食物。

義診團隊除了提供村民義診服務，並發送物品等給當地貧困的老人院、學校及寺院，協助他們度過即將來臨的冬天。

二〇一〇義診

在拉達克 Zanskar 縣的草原上，有的是每天以藍天為背景的日子，那兒的人們生活非常簡單，但也是最遙遠最貧窮的地區，居民們散布在各個山巒間，那裡缺乏醫療資源。二〇一〇年的國際義診在這兒展開……。

義診第一天

從德里文教中心出發，歷經一小時二十分的飛行抵達 Srinagar。Srinagar

被形容為印度最漂亮的城市，有「印度的瑞士」之稱。其有最著名的Mughal花園和Dal Lake的水上城市，也是最動亂的城市，因為領土及政治問題，長期處於情勢緊繃的狀態，滿街荷槍實彈的軍警駐守在路邊，看了真是令人膽顫心驚。儘管情況危險，醫療團秉持著一顆為大眾服務的慈悲心，也要大步跨出去。

義診第二天

由Srinagar開始，改由陸路前往第二個中繼站Mulbekh。沿路開始了「依山傍崖」的小石子路，除了路況危險，又遇上政府無預警的封路。從早上十點封路到下午三點，原定四點到達Mulbekh，到了晚上十一點半才抵達，路程耗時十六個半小時。

義診第三天

一大早大家一起將藥物及行李搬上小型巴士，展開整個旅程最危險的路段！在車上，慧顯法師帶領大家做早課，祈願一路能安抵目的地。路途

「依山傍崖」，但更危險的是路面狹小愈來愈顛簸，加上高海拔的原因，下午雪水開始融化，路上形成一條橫貫路面的湍急水流，以致車輛多次嚴重傾斜！有人默念佛號、有人緊抓握把，經歷十七小時的車程，因為趕路未用晚餐，終於在凌晨十二點抵達 Padum。

〰 **義診第四天**

一位美國籍醫師和德國籍醫師正好來訪友人，看到大排長龍等著看診的患者，得知是慈善義診，立刻表明願意投入看診行列，因而臨時加開了小兒科。Dr. Matt 說：「這是一個很有趣的經驗，因為我可以接觸到在西方不會發生的病例。」有此特殊的因緣，義診團隊的陣容更加堅強，對整個義診有莫大的幫助，他們都說能有機會參與真的很幸運。

〰 **義診第五天**

Raru 村附近有將近三十個聚落，特別的是該地區是路的盡頭，再往前就是巴基斯坦的領土，因為沒有公路可走，所以來看診的居民，都是走路或是騎馬來的。

〰 義診第六天

是最後一站了。義工人數是三場最多，不但協助維護現場秩序及關懷病患，熱情的義工還特地為病患搭起遮陽棚。此次義診的病患百分之九十是婦女及孩童，多數是看牙醫。結束後，醫療團將剩餘的醫療藥品贈送給當地的醫療中心，希望這些藥物日後能為更多病患減輕痛苦。

最後一天安排了一場衛生教育活動，由佛光青年及醫師共同主持。佛光青年全程以英文及拉達克語進行雙語教學。

拉達克的 Zanskar 村，是個資源非常匱乏的地區，義診團隊在籌劃這次義診活動時，就知道前往 Zanskar 的路是非常辛苦且危險的。

當地主要政府官員均是穆斯林，他們刻意忽略這個以佛教徒為主的地區。雖然沒辦法為這個地方做很大的改變，或在義診中看到任何有效的結果，也要讓當地居民知道有很多人在關心他們，他們一點也不孤單。

04
09

PUMA

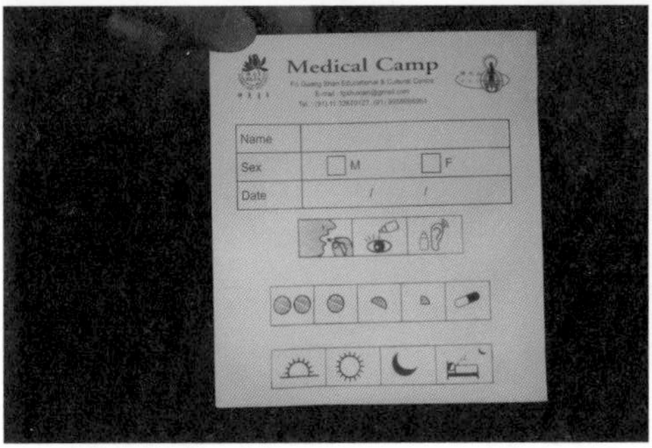
Medical Camp
Name
Sex
M
F
Date

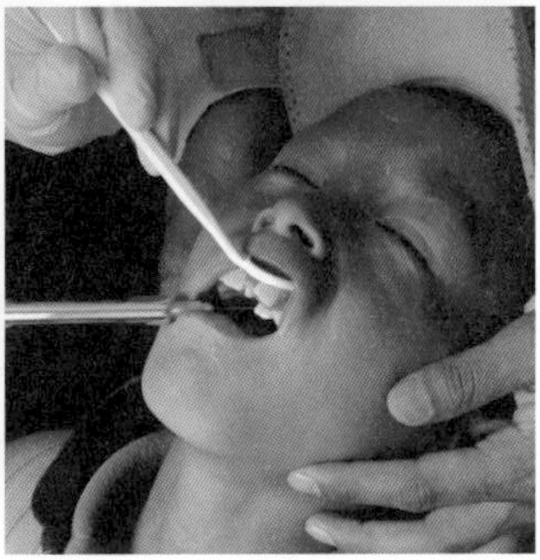

二〇一一義診

每次義診都是契機，也知道一次義診難以療癒全部村民，甚至有許多人無法得到就診的機會。哪怕暫時緩解病人的痛苦，團隊都要盡力去幫助他們，實現人與人的關愛，心願便逐漸會達成。

義診依循往年在三月初。此次義診在北方邦（Uttar Pradesh）的 Mainpuri 縣周邊的四個小村莊進行。去年文教中心在 Mainpuri 進行公益旅行活動，對當地施以教育關懷。雖只是幾天短暫的相處，村民的質樸讓人深深感動，也發現周邊的小村莊醫療資源極為匱乏。村民沒有條件能及時就醫，當地也未曾辦過義診。於是眾人心生緣由，極力促成此次義診。

在之前尼泊爾義診，有緣結識奇美醫院院方人員，心懷慈悲的醫師們在獲知此次義診消息後大力支持，義診的藥品及資金也是院方提供的。十位醫師請假來到印度，甘受辛苦。

印度佛教青年會主席蘇雷士（Suresh）在得知我們此次義診計畫，也十分發心主動要求加入，組織義工協助我們，希望能透過義診帶動當地的醫療衛生觀念。

義診第一天

清晨霧氣朦朧，大巴士從 Mainpuri 城出發，前往義診的第一站 Tibetiya 村。甫一到達，義診團就受到村民熱烈的歡迎，一一被戴上花環以示敬意。在和村民共同植下「阿育王」樹苗後，開始了準備工作。在當地義工的協助下，大家搬藥箱、抬桌椅、掛條幅，幹勁十足。

前往看診的村民絡繹不絕。按照看診流程，病患先在報到處掛號、測量身高體重、領取病歷，然後在檢傷處檢傷，對症分配到一診、二診或三診，確定病情後前往藥局領藥。一個上午，前來看病的人數就有一百五十人。

除了看診村民，約六百名身著粉色和藍色校服的當地中學生格外引人矚目。炎炎烈日下，他們整齊的坐在義診區旁的開闊地帶，成為一條獨特的風景線。學校的校長說，學生是為了感謝從異國前來幫助 Tibetiya 村村民的義診團，其中部分學生還將參加衛生教育課程。

下午衛教課在一間小教室中舉行。課程開始前，先由兩位義工用印地語帶領學生唱佛光山的〈三好歌〉，大家又唱又跳。團隊醫師以教學掛圖和模型教孩子刷牙和護齒知識，發放免費牙刷和牙膏，並帶領大家練習正確的刷牙方式。

義診第二天

仍然伴著濛濛霧色，匆忙吃過早餐就上了大巴士，開往 Tibetiya 村。第二天的場地相較於第一天較不寬敞，只有一間小小的學校，由一扇鐵門與外部完全隔離。場地小，整個動線倒也較好控制，在半封閉的房間內進行，義診工作也進行得有條不紊。每位患者都拿著掛號牌碼，有秩序的排隊等待看診。檢傷處的義工在護理師的指導下，不但做翻譯，也為病人進行量測體溫和血壓等簡單檢查。

午餐過後，鐵門外已有很多焦急的村民守候，門口的義工持續控制場面，大約三點，騷動和吵鬧愈發嚴重，甚至有人開始翻越圍牆。人愈來愈多，加上被鐵門隔離，看不到裡面的情況，一些年輕人開始大力砸門。在門口的幾位義工漸漸抵擋不住來自門外的撞擊，最後連本地人也無力維持局面，大門洞開，人潮湧入，局面混亂不堪，只好結束義診。義診團迅速收拾好所有物資，撤離現場。因秩序大亂，計畫中的衛生教育無法進行。團隊見識到「人潮洶湧」的印度。

義診第三天

大家早早起床出發前往Baraipur村。這次的村子更加遙遠，路愈來愈窄，大巴士行駛愈加艱難。

村民口耳相傳，來看病的患者絡繹不絕。當地義工贈送一張佛陀的福卡給每位來看病的人，村民拿在手上感受佛陀的恩惠與慈悲。

為節省時間，義診團午餐以一些餅乾和泡麵快速解決。午後的大帳篷異常酷熱，在烈日炎炎下、在灰塵漫天中，團隊專注做著自己的工作。突然間，檢傷的護理人員喊所有人都戴好口罩，原來有村民患了在都市已經消失的傳染病症痲瘋病和肺結核。雖在如此高危險且緊張的環境下，醫療團隊仍按部就班進行看診。

下午時分，人流又開始聚集，大有如第二天被衝擊的趨勢，只好請當地的兩位警察維持秩序，混亂沒再發生。兩位警察也處理了病症。

義診第四天

是結束的日子。這一次的目的地是 Kachhpura 村，學校的條件是所有村子裡最好的，當地的義工也很認真。經歷了前兩天的考驗，整個活動運作已然十分有序，加上當地義工負責協助每個環節。

中午時分，就診人數已經超過兩百人。醫師們再次輪班休息，快速午餐，幾杯泡麵、一瓶礦泉水，便是全部的能量。村民不知如何表達一聲感激，從家中燒好熱水送過來，明亮的大眼睛充滿笑意。千里之行，予人醫藥，更予人希望，村民以實際行動向我們表達義診的謝意。

聚集在門口的人潮湧動，很多病患都是從幾十里外的鄰近村莊趕來。有位癱瘓的老奶奶，躺在牽引機被送過來，蒼老的臉上沒有任何表情，但眼中充滿渴望。

這裡的義診有牙醫和眼科。牙醫診療較簡陋，無法做根管治療，拔牙時必須有人幫忙穩住患者的頭，方便醫師拔牙。看見牙痛難忍的患者，拔牙後臉上輕鬆的表情，有著痛苦解決的幸福感！

因藥材不足的關係，眼看義診就要結束……擔心焦急沒有機會看病，在最後時刻很多人湧進診區。看完已掛號的病患，我們收拾準備離開，義工於心不忍的向當地老人深深鞠躬。

二〇一二義診

二〇一二年有三次義診，三月、七月和十一月。

三月的義診文教中心再次選擇北方邦為義診區域，約有二千六百人受益。這次義診意義不同在於，五位沙彌經過一年半的學習能勝任翻譯的工作，年齡雖小但不負使命完成任務，親自體驗了眾生的苦難，自然而然增長悲心。

七月的義診，目的地是菩提伽耶（Bodh Gaya）。因為火車延誤，預計十五個小時的車程增加了五個小時。午餐完畢，醫師馬上整理隔天使用的醫療器材。除了醫師與義工外，還有許多當地義工與法師。

義診第一天

第一次義診的目地比較遠，位於大迦葉尊者入定、等待將佛陀的衣缽傳給彌勒菩薩雞足山腳下的Gurpa。沿途風景明媚，當地人生活純樸天真，但物質非常匱乏，生活環境低劣。一到達目的地，團隊馬上開始整理環境，挪出需要的空間架設看診區、藥局等候區等。

義診第二天

目的地是Kanchanpur，有了第一天看診的擁擠經驗，大家謹慎小心布置醫療站。除了原本的順序外，很多手續都做了小變動，而且當天警察也派人來幫忙維持秩序，讓整個義診活動進行順利。

義診第三天

義診來到Bahga。幾天下雨道路泥濘，幸好順利抵達目的地。因為有一位當地望族義工協助，加上警察也來幫忙維持秩序，義診進行順暢。義診當中出現許多嚴重病例，因為居民大多沒錢看病以致病況變嚴重。

義診第四天

目的地是Murobihga。這個村落生活環境非常簡陋，村民多與家禽住在一起，糞便到處都是。村民只有少數人有鞋子穿，所以大多患細菌感染，尤其腳部居多，甚至有人必須截肢，醫師還是努力為居民治療。

義診第五天

來到Mubarachak，妙如法師率領台灣青年公益旅行團與三位醫師加入，使得第五天的義診能夠快速進行。公益旅行團成員在另一間教室，與村民用輕鬆互動的方式進行刷牙教學，他們在廣場帶活動轉移村民的好奇心，為這次義診增添歡樂的氣氛。

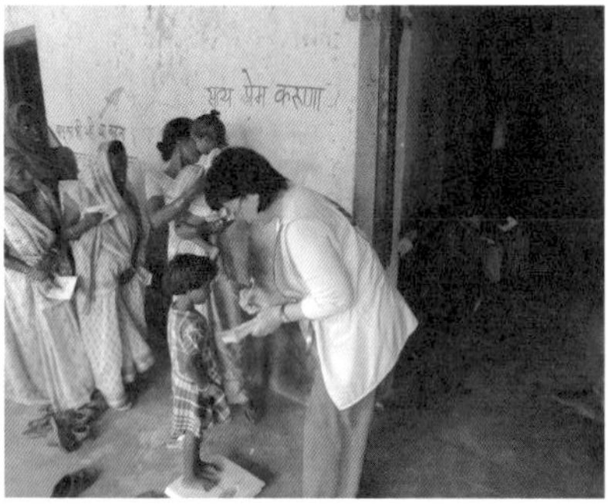

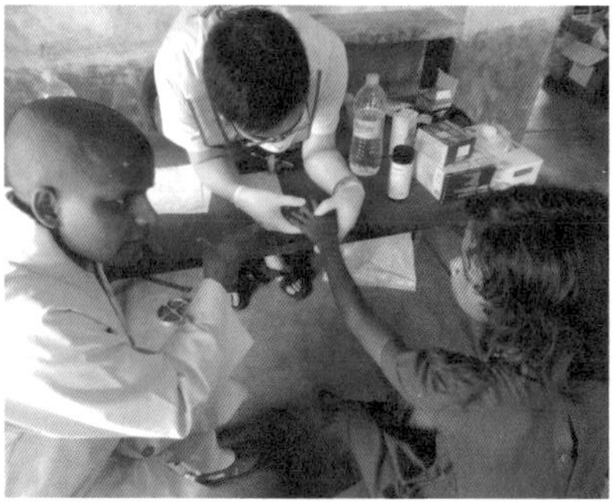

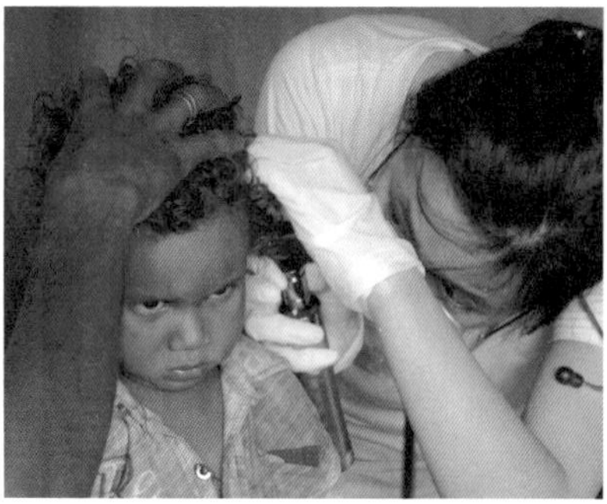

義診第六天

第六天的義診在菩提伽耶的印度佛學院。當天除了義診還有衛教，附近藏傳法師也利用機會來尋醫。這裡的患者因受傷後沒立即就醫，以傷口潰爛居多。

二〇一三義診

看見村民就醫的急切，二〇一二年的義診結束後，立即又發起二〇一三年中醫再度踏上義診的活動。由原有參與的醫師與新加入的醫師，共同再次創造中醫印度義診的另一項空前紀錄。經過一年的努力，召集了十二位中醫師，期間運送了近三百罐的中藥及相關用品，從十一月二十一日展開了六場的義診活動，共計七千人次受惠。

義診第一天

德里啟程至比哈省（Bihar）搭乘火車，經歷十七小時的車程，抵達

Matihari 火車站。在印度，上下火車如同一場戰爭，也是一場不知勝負的戰爭，火車不等人、人等不到火車，或者人跟火車都在等。結局是什麼，其實也無須諸多揣測，一切就隨順因緣！

搭了十七小時的火車，走了一千多公里的路程，終於在十一月二十二日早上抵達此次義診的地區比哈省。原先預計下午開始第一場的義診，接駁車卻因行經的路途上有謀殺事件，導致道路封鎖，只能在火車站等待。在這個國度裡，只有「變」才是真的「不變」！

從火車站到我們下榻處約兩個鐘頭，沿途的道路全是非常破爛的柏油路，甚至須直接開在乾涸河堤上。因為這一段路只有砂石，使得車子行駛過，不但塵土飛揚且非常顛簸。經過幾番折騰，終於開始第一場義診。

團隊以最快的速度設好診療室、針灸室及藥局。在義診現場有很多荷槍實彈軍人保護我們的安全，因為這些鄉鎮與外界隔離，貧窮落後，容易發生狀況。

義診第二、三天

在Parsauni村，依然歷經顛簸才到達義診的地方。這是一所學校，學校的教室就是義診團隊的診療室及藥局，露天的中庭就是最方便的針灸室。

義診第四、五、六天

車程穿越了一個又一個的村莊，沿途經過人群聚集的鄉鎮及一片荒野，團隊終於到了Belsand村。這裡是一個當地的聯絡中心，門口外聚集著代書，因為文盲比例非常高，所以只能藉由代書來處理信件。

這裡有許多職業傷害的病症，因為大部分人從事農耕，原本只是小傷口卻因長期割刮及接觸汙泥髒水等，導致嚴重潰爛或細菌感染，也因為醫療常識嚴重不足及沒錢買藥，最後變成無法處理，因此衛生觀念的宣導就顯得格外重要。

前來尋求醫療協助的人來自二十個不同村落的人，但是渴望求醫的心情都是一樣的。義診現場排滿看診的人，有人甚至早上四點就來排隊。在團隊努力之下，三天看完所有病患，總計四千多人，圓滿完成這六場義診。

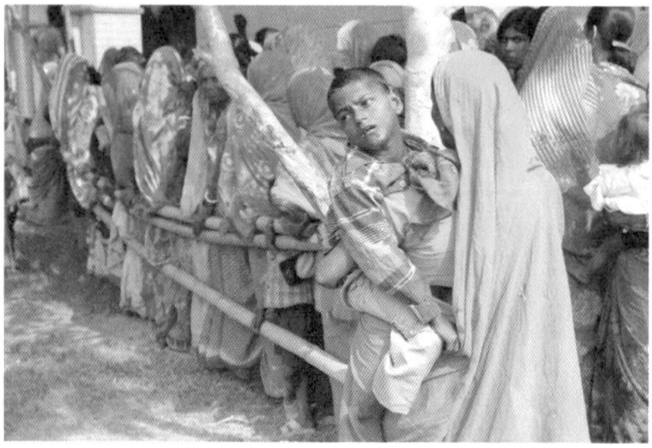

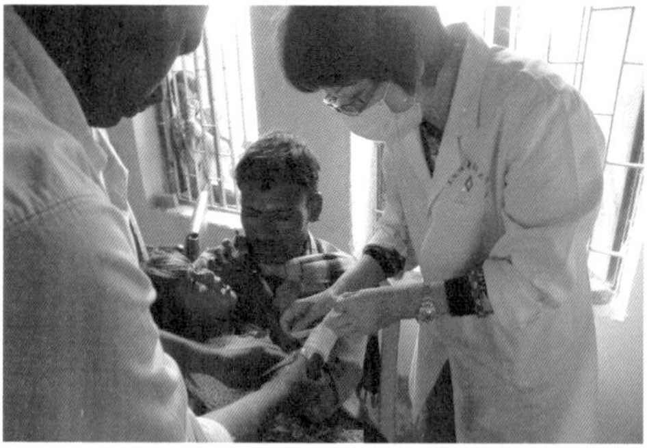

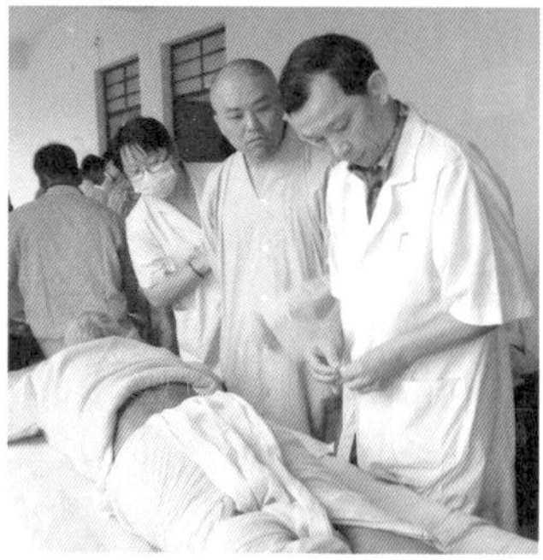

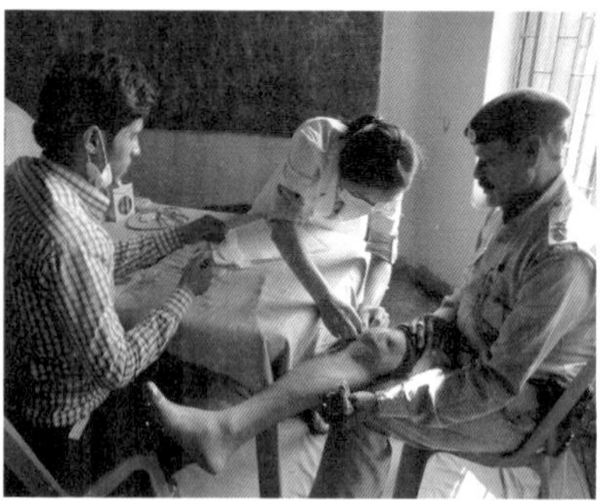

二〇一四義診

中醫義診團來到印度北部北方邦（Uttar Pradesh）四個縣的六個站點進行義診，從十一月四日至九日一連六天，分別從台灣和馬來西亞準備了四百罐的中藥丸和中藥粉帶到當地，看診和針灸人數高達六千五百人。馬來西亞義診團隊成員抵達德里文教中心後，中醫師與義工隨即將藥品與所需醫療用具進行點算與分類，做最後的準備。中醫師也為沙彌學園的沙彌看診，並教導高年級沙彌基本的中醫原理。

義診各站點，中醫師皆分成問診組與針灸組，分別在不同的臨時看診室替群眾提供診療。每天求診人潮絡繹不絕，無奈義診地點皆是沒有供電的地方，每當下午四點半太陽開始下山，室內迅速暗下來，看診的工作就變得十分困難。團隊在下午時分都必須與時間賽跑，趕在天色完全暗下來前完成工作。

所有前來看診的民眾須先到入口櫃檯索取號碼，前往掛號並填妥病歷卡，然後在等待區內依據掛號號碼看診，須針灸的帶往針灸室，無須針灸的就直接前往配藥處領取藥物。整個看診過程井然有序，義工協助發號碼牌、填寫病歷表、帶領民眾前往不同的站點及負責依據藥單配藥，沙彌主要協助中醫師翻譯。

北方邦位於印度北部，與尼泊爾接壤，是印度二十九個邦中最大、人口亦最多。前往北方邦的路途並非柏油路，而是一層薄薄的水泥所鋪成的馬路，異常顛簸，甚至巴士在半路出狀況停下來維修。休息站點基本設施不完善，義診團隊甚至須在大道旁的路肩築起人牆當臨時淨房。經過十個小時的車程，終於抵達北方邦的僧伽施（Sankisa）。此次義診的站點與多名沙彌的家鄉相近，部分沙彌家屬全程參與義工行列，也有部分是前來就診。

除了服務社會大眾，義診也承載了教育的使命，沙彌學園的沙彌首次直接參與義診的籌備工作，除了協助中醫師與病患之間的翻譯，同時肩負行政、總務、藥物、採訪、財務等任務。中醫師在問診時，也教導沙彌辨識身體各種狀況。

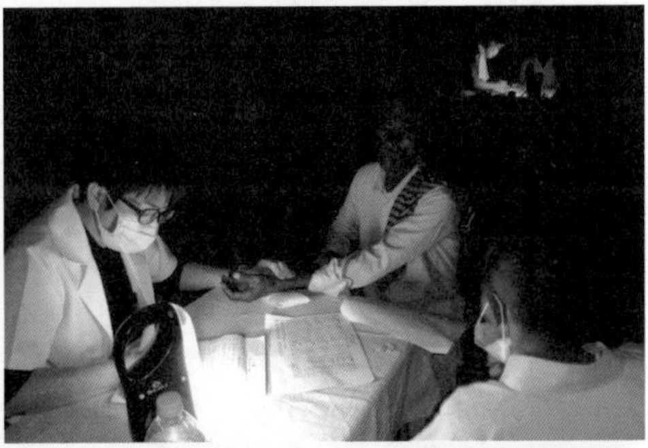

二〇一五義診

二〇一五年印度拉賈斯坦中醫慈善義診順利於十月三十日起，一連六天在拉賈斯坦首府齋浦爾（Jaipur）等六個鄉鎮舉行。

壹	
貳	參
肆	

壹、搬桌椅、搭棚架等，義診前的準備工作。

貳、簡陋的診療空間，醫師須彎腰，或蹲、或站為村民看診。

參、民眾擠滿了掛號登記檯。

肆、義診地點沒有電流供應，因此傍晚時分開始須依賴照明燈來完成工作。

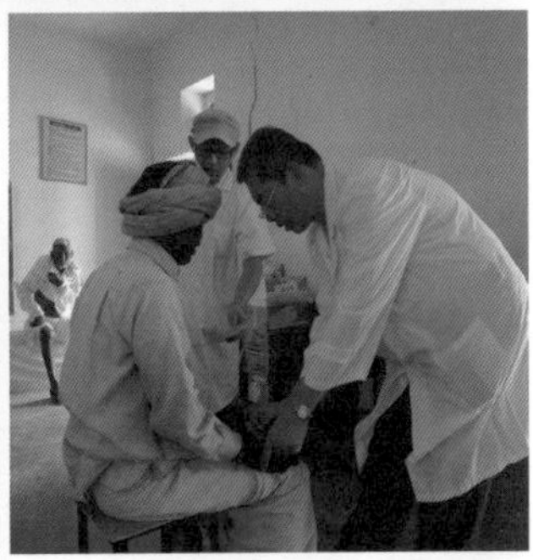

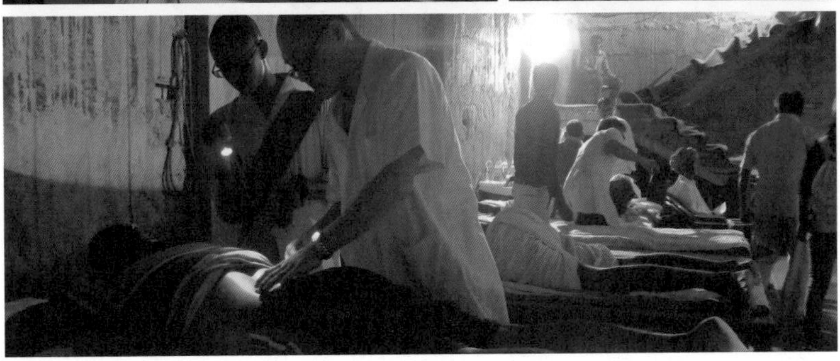

／二〇一六義診

當地政府不允許大型巴士在山路行駛，因此義診團分別搭乘兩輛中型巴士出發。北阿坎德邦（Uttarakhand）距離印度首都新德里約四百八十公里，預計十四個小時的車程，卻行駛了二十個小時。

眾人分別被安排居住在當地村民的家，並在攝氏十度左右的溫度摸黑扛著行李，沿著山路走到居住點。儘管天氣寒冷，眾人只能包覆睡袋睡在寒冷的地上。二〇一六年中醫義診從十一月四日至九日，一連六天在印度北部北阿坎德邦（Uttarakhand）高山區，海拔超過一千公尺的九個定點展開，為居民提供看診、針灸與整骨服務。

每個義診定點的客觀環境條件皆不盡相同，例如在學校簡陋的課室內、露天的大樹下、馬路旁、沒有遮蓋的小空間，或擠在狹窄的小空間、村民家旁邊的小空地，甚至必須在沒有桌椅的情況下站著看診。

義診期間，法師與沙彌寄宿的地點距離團隊其他人的居住點約一公里的路程，每天都必須沿著山路上山、下山會合。由於山區缺水，加上印度的瓦斯是每月配給制，因此想要飲用熱水的義診團隊，只得每天早晚在集合處輪流燒柴煮水，簡單清洗身上的灰塵。

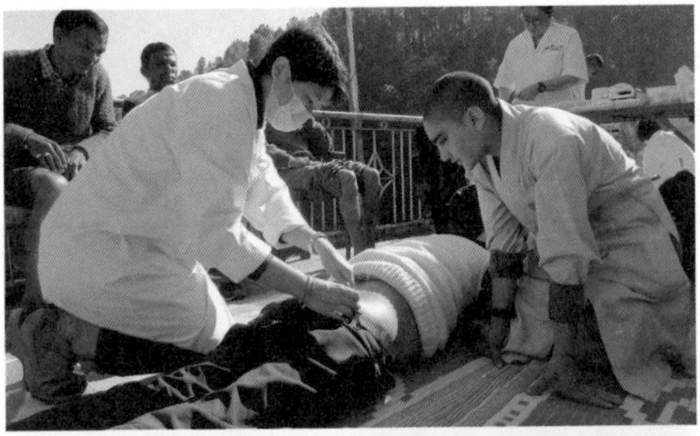

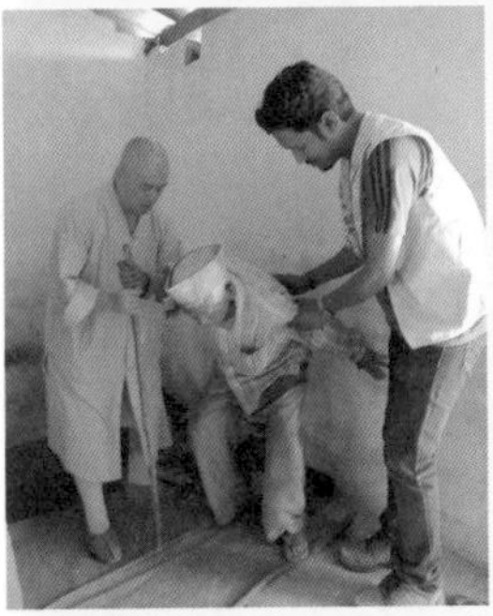

二〇一七義診

多達四十人的義診團隊，耗時十小時抵達北方邦僧伽施（Sankisa）的印度佛教青年會會所。團隊在夜幕低垂的傍晚，冬天裡微冷的夜風裡，爭取時間整理藥物與必需品，為十一月五日至十一日一連七天的義診做最後的準備。

這是義診團隊繼二〇一一、二〇一二、二〇一四年來到北方邦。這些年義診在當地帶來良好的口碑，口耳相傳之下，非常多民眾都希望能得到治療，當地居民在獲悉義診團隊將再度到來時，馬上有了熱烈的回響，原先規劃六天的義診因而延長為七天。

義診所到之處，都吸引了許多附近民眾在烈日下排隊登記求診，從嗷嗷待哺的嬰孩到一百零三歲的老人都有。他們當中有行動不便，有肌肉萎縮，也有骨折的人，都克服行動上的困難前來求診，無論在戶外的樹下等候登記、在豔陽下等候求診，都沒有怨言。

望著一張張期盼的臉，不忍任何一名病患失望而歸，以使命必達的毅

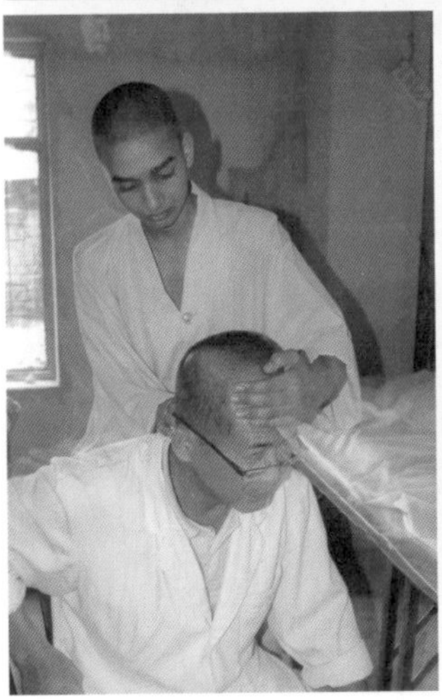

力完成義診。即使夜幕低垂，在沒有供電的簡陋設備下，靠著微弱的照明燈看診。

北方邦是印度最大的食糧產地，當地居民主要以務農為生，因此大部分病患是膝蓋或腰部、背部的問題。前來求診的病患中，不難發現以女性占大多數。主要是當地民風保守，保健意識也較薄弱，一般女性足不出戶，更別說出門就醫，甚至連身體出現狀況都不知或不理會，當病情嚴重時才想到就醫。

使命必達的戶外教學

參與二〇一八年義診的沙彌寫日記做了義診心得記錄。慧顯法師說，去年我們借了一座印度教的廟宇為義診場地，這座廟宇是一位信仰印度教的老奶奶捐地蓋的，廟不大，就蓋在她家的院子裡。老奶奶很樂意借我們場地，自己歡喜當起義工，幫我們招呼和協助來就診的病患，忙到連早、午餐都忘記吃，我們忙碌一天要回去時，她才想起今天一天都沒有進食。

有一位多年來因為背痛，無法將背挺直的中年患者，醫師診斷病情後施針，神奇的銀針從穴位點扎下去，他的腰桿便能挺直，中國傳統醫學怎麼那麼厲害，那細細的針，具有魔法嗎？感動的患者隔天用卡車載了五十位鄰居來看診。

義診團隊每天都準備了足夠一千位病人所使用的銀針，上午開始看診時病人看到針都害怕，怕痛不肯讓醫師扎針。這位腰背被扎針的患者回去後奔相走告，下午看診人數衝上幾百人。這些村民真的需要醫療，有些人這一輩子都沒見過醫師，他們看診後，吃醫師開的中藥，也覺得安心。

為廣結善緣，幫助更多的人，義診會安排在不一樣的點舉行。有個地方義診團隊去了兩次，一位來看診的婦女，是三年前團隊在附近的村莊辦義診時來看過的，吃過醫師開的藥病好了，她很珍惜的將藥袋收藏了三年，現在得知我們在這村莊看診，她又來了。

醫師看診後，寫了病歷和處方箋，醫師以A、B、C等字母標示出各種不同的藥，沙彌就按照醫師設定的標示符號協助藥局，照醫師的指示一一為患者講解如何用藥，說明一天吃幾次，一次吃幾顆等。

在義診中，沙彌學以致用，擔任醫師和患者間溝通的橋梁。這個重任由會中文和印地語的沙彌幫忙。對沙彌來說，當翻譯，而且是現場直接口譯，也不是件簡單的事。患者對各種疑難雜症的描述，如何確實的傳達給醫師，再將醫師說的話傳達給患者，都是一大考驗。沙彌沒學過醫，不了解各種病況和病名，也很少接觸罹患各種疾病的患者，但是他們努力發揮所學，認真聽醫師和患者講的話，直接翻譯，真是不容易，但沙彌做到了。

從一早醫師開始看診，沙彌就在每位醫師身旁，從看診配藥到用藥的說明，除了動口做翻譯，還要協助藥局包藥等。經過這樣的訓練，沙彌似乎在一天中就成長許多。

口譯，不是語文學得好就能勝任，沙彌一上陣，就知道平常的訓練結果，個個都在學習中建立信心，在學習中飛快精進。若再多幾次經驗，個個都能成為學以致用的口譯哥。

從來沒有人對我這麼好過

義診感動了開車的司機，他本來只負責開車，大家下車後他可以在一旁休息就好，但這位司機大哥，看到大家在做好事，也發心來幫忙。有了他，場面就不一樣了，因為他人高馬大，在隊伍旁一站，排隊排到不耐煩的人想插隊，或因推擠發生爭吵等騷亂現象，有了司機大哥維持秩序，村民守規矩多了，看診的流程也順暢了，一天看診達到一千五百人。

醫師看病分成看診和針灸兩部分，他們輪流工作，否則負責針灸和推拿的醫師，因患者多，往往忙到腰痠難耐。推拿的醫療方式，讓患者特別有感，或許因為有了肢體接觸，痛苦也得到緩解或消除，他們不僅來看病，還得到醫師的關心和安慰，內心很滿足。有一位患者告訴沙彌：「這一輩子從來沒有人對我這麼好過，『你們』一群『外人』，非親非故，對我這麼好，我覺得我的病已經好了。」

醫療團隊每次出動，都會安排七個不同點、七場義診。醫師會教跟診的沙彌看舌苔，講一些病理及穴位，還教他們針灸知識。他們在看病和為患者針灸時，也會告訴沙彌這個病患哪裡痛、生什麼病，可以針哪個穴位。沙彌個個聰明，看醫師針了幾百位病人後，記住了一些治病的穴位名稱和位置。

沙彌在義診現場幫忙跟病患解說如何用藥，團隊出門前會先模擬，為沙彌心理建設，讓沙彌明白是去為人服務的，不可以對病患不耐煩。患者說這裡痛那裡痛，來一百個，每個都這麼說，不能煩、不能生氣，如果有慈悲心，對待第一個患者及第一百個患者，仍然能保持這份熱忱，那才是真慈悲。面對義診時看到的眾生相，患者吵鬧、搶先、推擠，因為是來服務大眾的，也不能生氣。

發揮人間佛教精神

若義診的地點剛好是沙彌的家鄉，沙彌的心情會大不相同，使命感也會油然而生，乘良在分享中說：「我初到佛光山出家時，是父母帶著我來的，我空手而來，今天我回到我的故鄉參與義診。我跟著醫療隊，帶著藥品，以出家人的身分來幫助我故鄉的村民，我覺得出家很有意義，我是個有用的人。」義工聽了都感動哭了。

星雲大師的慈悲願行，讓追隨他腳步的佛光山僧眾，覺得自己很有用，是有用的人。慧顯法師說印度不缺沙彌學園，南傳和藏傳佛教寺院裡很多沙彌，這些沙彌，只學習佛教相關經藏科目，沒有廣學其他學問，從佛學院畢業以後，除了繼續升學以外，就沒有其他出路。

每次到達義診地點，慧顯法師必定立即捲起袖子帶頭工作，搬桌子、搬椅子、安排場地。沙彌看到了，也會積極且主動將凌亂的地方整理成可以看診的場地。在這個過程，有當地的法師來看，但是場地布置好，法師就坐在那兒看我們義診。這時候機會教育來了，慧顯法師告訴沙彌：「你想要做一個像我們一樣捲起袖子服務他人的法師，還是做一個等著別人來服務的法師？」沙彌不經思索立刻回答：「我要做一個為眾生服務的法師！」能為大眾服務，才是真正「人間佛教」的精神。

平日課堂上老師教導孩子人間佛教的精神，他們言教身教並重，沙彌耳濡目染，也具備這樣的宗風。沙彌學長畢業讀大學，也發揮人間佛教的精神，泰國泰華寺大雄寶殿完工後，沙彌負責將臨時佛堂搬到新建好的佛堂，受到眾人的肯定和讚賞，每年為沙彌主持剃度大典的定和尚聽到了也很歡喜。

對沙彌的教育，老師們一刻也沒鬆懈過，沙彌一起參與義診，是很好的機會教育，在課堂上講一千遍什麼是慈悲，不如把他們帶到那個環境去，親眼看看人間的病苦，感受無常。否則一個健康、年輕的小伙子，如何能體會？

黑暗中的腳步聲

二〇一六年的義診經驗令人終生難忘……

那次的地點在喜瑪拉雅山的國家公園，偌大的公園除了有野生動物，也散居著當地的居民。住在那裡的居民，大多是世代居住於此的原始住民，在那樣的天然環境居住，自有他們與大自然和諧共處的智慧，知道如何躲避狼豺虎豹的攻擊。

村民知道義診團隊要來，是多麼的高興和歡迎，接受邀請分別住進當地農家，法師和沙彌住的那戶人家，有一對老夫妻和他們的兒子。因為人口少，平時房間是堆放穀物的倉庫，義診團隊來了，就清空倉庫給大家住。整個團隊本來分散住在三戶人家，可以不必那麼擁擠，睡得寬敞舒服，法師認為不妥，因為山區地方每一戶人家都距離很遠，分散住他看不到沙彌，擔心他們的安危。為了方便管理，法師和全部沙彌就都擠在一戶人家。

晚上安住下來後，沙彌夜裡要上淨房，鄉下房子設備很簡陋，屋內沒有廁所，茅坑搭在戶外，須在黑暗中走出屋子。有一位沙彌去上淨房回來，順手把燈關了。第二天主人過來問候說：「昨晚有老虎來呢！你們不怕嗎？為什麼把燈關了？」原來老虎在外巡視，尋找食物，把主人家的狗給咬剩半隻。

聽說夜裡有老虎，大家都嚇壞了，睡覺時更緊張，平時夜裡不會起來淨房的，反而要起來兩、三次。躺在被褥上，睡不著，聽到外面落葉被踩過的腳步聲：是老虎來了嗎？

因為沒有衛浴設備可使用，早上起來盥洗，甚至沒法刷牙。準備好出門，要在森林裡走一段路，才能到達集合上車的地點。慧顯法師帶著沙彌在森林中步行時，常覺得茂密的樹林裡有東西，有一次回頭一看，是一隻約十歲小孩這麼大隻的鷹，真嚇了一大跳。那段約二十來分鐘的路，簡直步步驚心。

明年還要來

辦義診，必須是那個地方的人迫切需要的，義診地方的選擇，要慎重考慮。一開始都先去考察，後來發現考察的行程非常花費時間、人力和金錢，印度國土太大太遼闊了，每個地方都好遠好遠，也因為有了些因緣，後來就不考察了。由於義診，印度佛光山跟地方結了緣，前面幾次義診打下來好的信用基礎，開始有人專程來看義診的情況，進一步希望去他們的村落義診，他們會主動聯絡、發動和聯繫各方來盡力協助義診。

慧顯法師說義診已經不是單方面的事了，希望我們去義診的村落，會有代表來邀請我們，幫我們跟村落所在地的城鎮健康局等醫療相關單位報備，取得行醫許可證，方便我們順利前往偏鄉義診，醫療行為一切都必須合法進行，也在保護義診團隊。

去年我們遇到狀況，一個資深佛教團體的領袖，往年都找我們配合辦各項活動，但是去年我們另外找了沙彌的父親合作，結果這位佛教領袖，在我們義診的每個點都去報警，告我們傳教，警察真槍實彈出現在義診現場，我們苦口婆心，動之以情：你看！這麼多人需要醫療協助，我們只想幫助他們，是無所求的，利益大眾，你怎麼忍心阻擋？義診的第一天和第二天警察都來干擾，後來知道是那位佛教領袖的關係。平安了兩天，警察又來說一直有這個電話打進來告狀，我們一看電話號碼就知道是誰。他甚至親自跑到五百公里外的義診承辦單位，阻止我們辦義診，我們被警察嚴重干擾，只好草草結束，那場義診看診人數約九千人，若無打擾看診人次應會破萬。那天晚上結束義診後，大家收拾好東西，漏夜離開，有種「逃難」的感覺，車子過了德里邊界，後面沒有警察追過來，大家才鬆了一口氣，各車互報平安。

都是同道，應該互相扶持，共修佛法，利益眾生，才是正道。「若要佛法興，唯有僧讚僧。」慧顯法師寬容大度，之後那位佛教領袖有活動邀請時仍照樣參與。義診的圓滿是醫師、沙彌、義工等眾人集體創作，共同完成一件事，無論做什麼，只要盡力把自己的角色扮演好，就是最好的。每一場義診都會遇到不同的情況，這場逃難讓人心驚，「逃回」德里後，問參與義診的醫師、沙彌和義工：明年還要來嗎？所有人都回答：要！

踏著感動而來

佛陀告訴我們「人生有八苦」，但是有些人對苦沒有感受，或是不明苦何以為苦，特別是生活在幸福中的人。沙彌在義診的服務中，體會到生為人的苦。這些病和苦，或許是前世的因果，自己造業自己受，或許是這世沒有好好愛惜自己的身體，所以生病受苦了。在醫療的過程中，沙彌看到不同的人生著不同的病，有的病怵目驚心，有的病千奇百怪。

參加義診前，醫師在馬來西亞會事先熬好一種藥膏叫「金黃膏」，用來敷傷口的，塗上藥膏，用紗布包起來，傷口很快癒合。醫師帶去一大罐一大罐的藥膏，由義工幫忙分裝小瓶，給患者帶回去。

但是醫療也不是萬能的，有的抱著希望來，醫師也沒有辦法醫治，比如血癌。有一位二十幾歲的患者，已經到了癌症末期，全身內出血，黑色的皮膚都變成紅色，內出血已無法控制，醫師抱著患者的母親，說些安慰的話給予最大的關懷，他們不曾得到過這種關心，覺得很感動。重症患者，也有罹患眼癌的，他的眼睛已經被癌細胞吃掉了，只能為他清理傷口。

在美國的一位醫師得知我們的義診深受感動，激起他的慈悲心，他募款買了輕便型的洗牙器，可以做根管治療和補牙，送來給沙彌學園。他來到沙彌學園，一一幫沙彌檢查牙齒，發現有蛀牙的問題，這種慷慨捐輸的情義，真是令人感動。

千奇百怪的病症

各式各樣的病患，他們那期盼得到醫療照顧的眼神，讓義診團隊很心疼。有一位罹患象腿的患者，經過針灸以後，肥大的腿消腫了些，在那個州的七場義診中，他每天都來報到、針灸。也有瘖啞人來看診，經過針灸治療雖然還是不會說話，但是可以發出聲音了。

多指症的患者也來求醫，更多的患者是來看皮膚病，有的是割傷後沒有好好處理傷口，導致傷口發炎感染，造成蜂窩性組織炎。沙彌小心翼翼協助醫師，幫他們清理傷口，清理後擦藥包紮，痛苦減輕許多，為了換藥，他們也追著義診團隊跑。

排隊來看病的有不少是婦科患者，她們不好意思說，即使面對女醫師也不肯說。她們被先生或家人帶來，不願老實說出病情，通常說自己是肚子痛，怎麼個痛法也說不知道，醫師一把脈就知道是怎麼回事，找出問題點。

五花八門的病症，什麼症狀都有，平常心看待，沒什麼好驚奇。沙彌不懂婦科疾病像白帶這些病症，醫師會用形容詞來解說，經沙彌翻譯後，她們更覺得不好意思。後來做了各種病名對照表，供沙彌參考和翻譯。

針灸效果很好，醫師說從未針灸過的人，效果特別顯著。疼痛患者是最多的，針到痛除，立即見效。若患了帶狀疱疹，俗稱的「飛蛇」，用火針較有效。男眾的病，有疝氣、痔瘡等。小孩子的病，由於鄉間衛生環境不好，孩子普遍患有蛔蟲和皮膚病。來排隊的孩子並不覺得自己生病，他們大多是來湊熱鬧的，問他哪裡痛？他說沒有。問他為什麼來看病？他說因為別人來，他也要來看一下，跟著乖乖排隊，領到一個掛號牌好高興！

仁心仁術救苦救難

沙彌的培養和義診的善行，已是德里文教中心的招牌，參與義診也成為沙彌戶外教學的一環。

剛開辦義診時，慧顯法師會先去考察，並詢問當地醫療單位的相關人

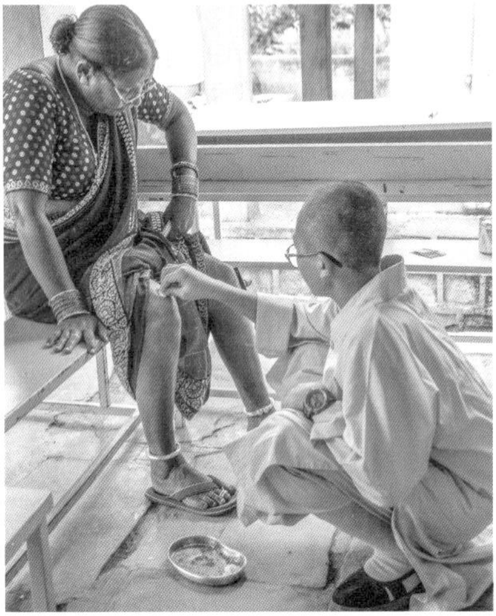

89
23
78
71
48
50

員，這區居民罹患的疾病種類、疾病好發期等問題，好讓醫師準備藥品。

與德里文教中心合作至今的馬來西亞中醫團隊。最初對這個遙遠的國度沒有什麼特別的認識，大多抱著去看看的想法。馬來西亞醫療團隊的成軍，要感謝具有慈悲心，又能實踐慈悲行的王妍琇師姐。她是馬來西亞佛光文教中心的義工，為了印度德里文教中心要辦義診，義不容辭、全力以赴，以她在地的人脈，尋訪有意願參與義診的中醫師，向他們詳細說明。醫師接受徵召，義務前來幫忙，這四十多位馬來西亞醫療團隊的成員不屬於任何組織，都是個別發心參與，這麼多年來，每次出團都會有二十幾人以上參與。

醫師團隊中，有中年和青年醫師，青年醫師都是在中國讀完中醫，經過實習考過證照的。團隊中固定每年都來的，有馬來西亞中醫學校的老師，也有開業的中醫師，也會召集學生一起參與。

醫療團隊的醫師以中醫的望、聞、問、切四診為人診病，研判病情。較耗體力的像針灸和推拿，就由年輕力壯的醫師負責，年輕醫師醫學院畢業不久，很時尚的紮個馬尾，看去帥氣又活潑，但他們不嫌髒，任勞任怨。

他們吃東西也都隨緣隨意，沒有嬌生慣養的習氣。

團隊到偏鄉義診，當地人感恩醫師來看診，感謝大家的關心，他們熱心為團隊備餐食，幾家人分配煮不同的料理，雖然不一定是大家習慣的口味，但每個人都吃得很開心。

慧顯法師會先告知醫師這次義診的區域哪種疾病較多，醫師們開藥單時就知道哪種藥配多一點，哪種藥少一點，每天都須準備足夠一千人份的用藥量。

前三年與西醫合作的義診，在印度購買藥品，花費較大。中醫參與義診後，中藥由中醫師認識的親朋好友認捐，旅費也由他們自行消化。中醫師還須將購買來的中藥丸、片劑、錠劑及親自熬製的藥膏帶來印度，分批由醫師、義工和來印度朝聖的師兄、師姐帶進來。

王妍琇師姐在馬來西亞聯繫協調的工作，印度這邊由德里文教中心負責當地的聯繫、宣傳和官方的行醫許可證，並安排翻譯、交通及食宿等。兩邊都準備好，就在德里會合，一起前往義診。

中醫醫療團隊中的石長啟和周秀英中醫師兩人，未參與義診前不曾踏足佛陀的故鄉，累積了多年的義診經驗，她們對流程及細節都駕輕就熟，抵達德里文教中心後就各自帶領中醫師與義工做最後的檢查。

連續多年參與義診的最大動力是什麼？石長啟醫師的語氣突然沉了下來，嘆了一口氣說：「因為這裡有需要，所以我來了。」

回憶第一年的義診，忙到天色已經暗得無法繼續看診，當她走出臨時看診室，當時以為疲累的一天就要結束了，沒想到門外依然多的是希望看診的人，那一刻她內心的那一股力量彷彿在剎那間就被激發出來，「沒想到我們忙了一整天，最後才發現我們能做的真的是太少了。」看診本是醫師的專職，是再普通不過的一件事，但對於偏鄉地區的人，可能是一輩子都不曾有過的機會啊！

負責藥物採購與配藥的周秀英醫師，除了印度義診，還曾到過中國四川與斯里蘭卡。綜合三地的經驗，她認為印度義診是最辛苦的，因為客觀的環境條件不盡理想，而且語言不通，讓看診的工作更具挑戰。

「在這裡，什麼疑難雜症都有，但實際上他們並不曉得自己的健康狀況如何，更甭說是求醫了，這與馬來西亞人向中醫求診的病症與態度可謂截然不同。」周秀英醫師說雖然辛苦，但是每當完成一次又一次義診後的歡喜，讓她願意一回又一回到印度參與義診。

中醫團隊的成員，並不全是佛教徒，其中有信仰道教的，也有基督教的，雖然信仰不同，但救人的熱情不減。十幾位醫師每年請無薪假，自掏腰包來到印度參與義診。在前往義診點的路上做早課、念祈願文等，他們也不會刻意避開或表現出不歡喜，過程中完全沒有因宗教信仰的不同而心有掛礙，一群人為了同一個目標努力的過程是很殊勝的。

直下承擔

王妍琇師姐召集中醫師、運送藥物與所需物品到印度等，並非一朝一夕就能完成的簡單工作，是什麼動力讓她如此堅持？她笑笑說，是因為慧顯法師的一句話，她直下承擔了召集的工作。

在韓國出生的王妍琇，從台灣嫁到馬來西亞。王妍琇師姐在東禪佛教學院為同學講課時，認識了當年才二十一歲，就讀佛學院的慧顯法師，就這樣兩人結了緣，一直延續到現在。

慧顯法師從東禪佛學院到叢林學院男眾學部繼續升學，之後調回馬來西亞佛光山當總住持，那年法師二十六歲，當時王妍琇師姐是佛光會會長，她被法師親切、自在、沒脾氣，做事有魄力的身教所感動。

二〇〇八年慧顯法師調至印度德里文教中心，二〇一〇年沙彌學園成立，義診也正在起步。二〇一二年，慧顯法師來了一封信，希望王妍琇師姐協助中醫義診事宜，她擔心自己不行，法師說：「您只要OK，沒有不OK的。」於是花了三個月的時間，四處奔波尋找中醫師。

從認識的人開始問起，經由朋友鄭利同的牽線結識石長啟醫師的師父，這位厚降法師說，他有一位弟子是醫學博士可以找她，於是聯絡上了石長啟醫師，及周秀英醫師，他們兩位都是很熱心的人，不但認同義診，也願意參與。

就這樣從認識的人去打聽哪裡有中醫師，一通一通打電話詢問和拜訪，有的醫師無法參加，就會介紹他的醫師朋友。馬來西亞這邊由王妍琇師姐

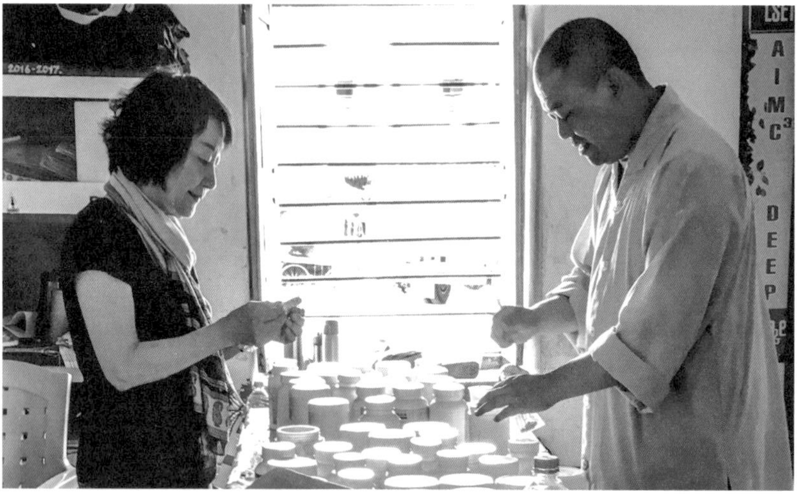
2016-2017.

विहार
विद्यालय

負責，印度則由慧顯法師策劃和安排所有事。去印度協助義診全程自費，醫師自己找經費，由慧顯法師運用，處理義診團隊所有的交通、住宿、三餐的費用及布施。醫師要做的是幫團隊帶藥和針，還有藥膏。在馬來西亞事先熬好的一罐一罐藥膏，一人帶十罐至十五罐，消毒藥水、酒精帶不過去的就由慧顯法師在印度購買。

後來只要線上群組一上線說要辦義診，大家就熱烈參與。去過十二次印度的王妍琇師姐，為何對印度義診「樂此不疲」？她說慧顯法師了不起……看到這位年輕僧侶在馬來西亞擔任總住持沉穩大度的表現，真讓人敬佩。沙彌學園只有幾位老師，卻能將沙彌栽培得這麼好，實在不容易。慧顯法師復興印度佛教的使命感，讓王妍琇師姐願意盡其所能協助義診，她說，義診也是一種在印度弘揚佛法的方法，我們必須建立根基才能做更多。

吃不好睡不好都是小事

任教於馬來西亞中醫部的醫學博士石長啟醫師，一年又一年參與印度佛光山的義診，除了她自己本性樂於助人，另一個重要原因是她看到慧顯法師像印度的觀世音菩薩一樣的慈悲，讓她很感動。也看到法師照顧這麼多小沙彌，把沙彌教得這麼好，她好敬佩！

石長啟從小住在寺院，參與義診團隊是她的師父厚降法師建議的，二〇一二年第一次參加後，至今沒缺席過。她說王妍琇師姐很熱心，印度行前，她會先給義診隊成員心理建設：「你們不要抱有太多想望，那裡又髒又亂，跟我們這裡的生活不一樣。那裡苦啊！你們是去受苦，不是去享福。」果然跟王妍琇師姐說的一樣，但大家都已有心理準備，一年一年又一年，現在大家都習慣了。

不提自己的辛苦，石長啟醫師說辛苦的是法師和沙彌。沙彌跟診負責翻譯，他們用印地語和當地人溝通，用中文講給我們聽，給了我們很大的方便；沙彌好奇、上進又勤快，我們需要什麼，只要跟他們說，馬上就送過來。

義診現場，沙彌看到當地人生的病和各種症狀會提出疑問，醫師也耐心講解。沙彌看到醫師為病患針灸，覺得新奇也想要學，醫師會教他們認識針灸穴位。

在義診當中，醫師會教導病人衛生觀念，但語言不通，全靠沙彌翻譯，在翻譯的同時，沙彌也學會如何照顧自己，跟診是他們學習的一環。醫師除了看病，最重要的就是教村民如何照顧自己，平時做好保健和預防。人在生老病死間，病最苦，只要懂得照顧好自己，預防疾病的發生，就沒有病的煩惱。

石長啟醫師參與偏鄉義診多次，發現農村人口普遍營養不良，抵抗力弱，因從事粗重工作，痠痛是村民普遍的病苦。偏鄉農民沒見過傳統中醫的針灸治療，第一天要給他們針灸，他們怕痛，都說不要不要。沙彌輕聲安慰：「你要針灸，針了會好，不用害怕，不痛不痛，放輕鬆！」放針時，沙彌還是不斷安慰他們。第一天針過後，有效減輕疼痛，第二天、第三天病人來了自動要求針灸。一旁的人就問：為什麼他有針灸，我沒有？

在印度鄉間，吃住很不方便。鄉下房子簡陋，晚上睡地上。石長啟醫師說，有一年在喜瑪拉雅山山上，他們住在羊欄隔壁的房間。冬天冷，牛羊都趕進屋子夜宿，每天半夜三點，隔壁就傳來「咩咩」的叫聲，原來是一隻小羊才出生，小羊餓了就叫，半夜三點是哺乳時間。雖然夜裡被吵醒，但是醫師對這鄉間特有的生活，感到新奇有趣，並不覺得苦。慧顯法師和沙彌住的民舍比較遠，每天早上要走一段路，帶著沙彌與醫師會合。聽他們說，晚上有聽到老虎的腳步聲，好驚嚇！

印度餐種類不多，餐餐吃的都一樣，像咖哩吃到肚子都發燒；吃很多豆，容易脹氣，怕腸胃不舒服，所以也不能吃太飽。剛開始吃很少，後來就習慣了。

石長啟醫師說最感動的是，第一天因路途遠，半夜三點團隊才到達，住宿處的主人還等著他們……。醫師們一早去義診，很晚才回來，主人家把最好的都留給他們，還跑很遠處去提水，用柴燒一大鍋熱水，供他們洗頭、洗澡。

在遙遠的印度，一切是如此的不同，髒和亂、吃不好、睡不好都是小事，

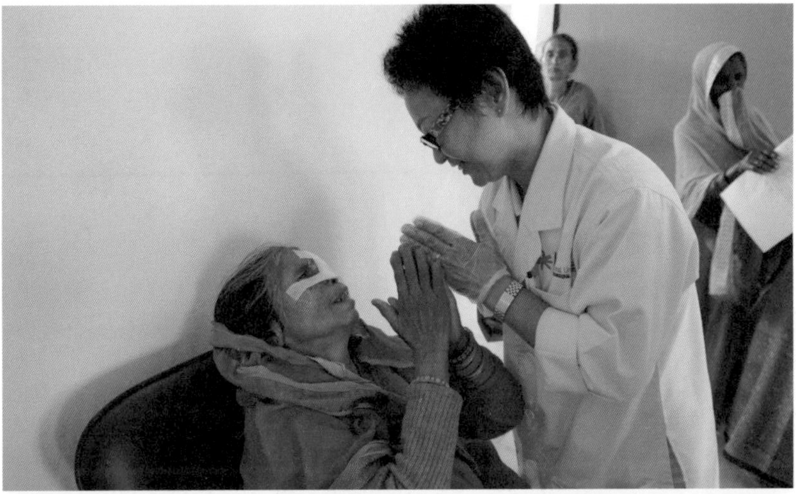

石長啟醫師還是願意每年都去，她已經報名參加新年度的義診了。

參與覺得幸福

醫師團隊中的重要成員周秀英醫師在吉隆坡中醫學院服務，既是行政人員，也是管理學生臨床學習的老師，每一屆的同學都熟悉，所以她認識的醫師多，也了解畢業在外執業的同學中有誰可以去印度參與義診，有了這個平台，她找醫師容易多了。印度佛光山的義診她幾乎年年都參加。

個性較活潑的周秀英醫師，以前念書時就喜歡參與活動，也學習過草藥製作，參與印度佛光山的義診，買藥和製藥膏的重擔，就由她承擔起來。她說自己在醫學院工作，較方便找當地的進口商訂藥，價錢也好談，因為是義診用藥，藥商也願意多給點折扣。她還親自在家熬製針對紅腫熱痛的藥膏，裝成罐，方便將藥帶去印度。

周秀英醫師她說一年一年來印度，看到慧顯法師的用心，沙彌在義診時的表現，也讓醫師刮目相看，所以願意盡力協助。

周秀英醫師發現偏鄉的婦女病多，村民因知識不足，沙彌對這方面認識少，也不好溝通，遇到這方面的病人，或遇到疑難雜症就找石長啟醫師解決。缺少儀器，沒辦法做這方面的檢查，周秀英醫師可以從患者皮膚上的水泡判定，想辦法緩解他們的症狀。

義診，帶給村民看病的機會，症狀輕的病醫好了，較嚴重的得到緩解。村民很盼望義診團隊的到來，因為從來沒有外人會走進這麼偏遠的山裡，何況是來幫他們看病。他們身體不舒服，知道自己病了，也不知生的是什麼病，沒有醫藥，只能自生自滅。義診團來了，看診的人很多，他們不怕辛苦的在大太陽底下排隊。

醫師為患者針灸其實很辛苦，因為沒有治療床，病人躺在鋪了墊子的地上，醫師要蹲上、蹲下，還要彎腰才能用針，增加不少體力上的負擔，這時年輕的醫師就出馬，但是他們為患者針了三天，腰也受不了。

第一、二年的義診較辛苦，去尼泊爾邊界非常窮困的鄉間，火車坐了十六個小時，再轉巴士。每年去的地方都不一樣，所以乘坐的交通工具也會不同。第三年起有經驗了，就直接坐大巴士，省去趕火車和轉車的麻煩。因為義診都安排在冬天，冬天溫差大一不小心容易感冒，醫師就相互刮刮痧。義診結束回到馬來西亞，有些醫師因為水土不服加上勞累過度，也會生一場病。義診期間住在山上，手機沒訊息，與世隔絕，外面世界發生什麼事情都不知道。「那裡的生活是我們無法想像的……」周秀英醫師說看到他們，會覺得自己很幸福。經常到外面走走見識世界各角落，比較之下覺得自己生活過得很好，就更願意抽時間幫助別人，有能力付出也是很幸福的。

離開大城市到一個缺乏醫療的貧窮村落去義診，周秀英醫師說，這種經歷讓自己人生變得不一樣，看人生的角度也更不一樣了。

在漆黑中看診

「有一次富樓那要去弘法，佛陀說那裡的人會打你、會殺你，你不怕嗎？你怎麼辦？」在印度的義診中果然也發生了。慧顯法師說，有一個村子的村民真的比較強悍，本來當天排隊看病的人不多，我們可以消化完的，卻有人擔心輪不到，想要搶先看診，於是發生推擠爭吵。這種情形發生過兩次，一次是有貴族階級的人坐在那裡，不必動一槍一棍，騷亂就平息了。一次是排隊的人在鬧，大家就先關門暫停看診，等事情解決了，外面安靜下來，再恢復看診。

用同理心想村民怕輪不到看診的焦急，鬧事的人可能曾經在別的場合排隊參加活動，因為排在最後沒輪到他，活動就結束；或是排到最後，發放的東西被領光了，他沒拿到，有過這種經驗讓他焦急想插隊。

他們是真的有需要，才會在大太陽底下辛苦排隊，但排隊時難免發生推擠。有一年的義診靠我們的司機，出來維持秩序，隊伍因而井然有序。人高馬大的司機大哥一聲令下，所有的人都乖乖坐下，不敢造次。那一年看診人數，每天可以超過一千人，他功不可沒。

每次義診讓人非常感動的是，義診進行到晚上，外面還是有很多人在排隊，村民從白天等到晚上，雖然義診團隊很累了，但仍願意繼續看診，所以常會看診到晚上七點。

看診的場地沒有燈，一片漆黑，大家戴著像探照燈一樣的頭燈，直到將患者全部看完才收工。醫師看完診，配藥和翻譯仍像打戰一樣工作著，直到所有患者都拿到藥，才結束一天的看診，回到住宿的地方大約八點。

收拾好東西回到住處，吃過晚飯，經常連澡都沒得洗就睡覺了。若車程較久，往往會利用在車上的時間討論當天的義診狀況，像是流程是否順暢、藥量的分配和存量等問題，以及說明藥局統計的看診人數。

七天共七場義診，每天看這麼多病人，醫師稍不留意也會感冒，他們會彼此按摩和推拿，或給自己扎針，然後繼續工作。每次出去義診，鄉下地方外宿環境不好，住在當地民家，沒有床，睡地板。每人都是自己帶睡袋等寢具，一切既簡單又克難。吃的方面，更是簡單，有時錯過午餐時間，就只吃泡麵。大家歡喜付出，沒有怨言。

出門這麼多天很耗體力，翻譯須用腦，又不停的講話，還要協助好多事，雖累但沙彌愈做愈有勁，全副精神完成使命，沒有怨言。看完一位病人，沙彌立刻喊下一位，醫師笑說：「一分鐘都不讓我休息！」

一天義診下來，每個人雖累，但都很歡喜今天服務了這麼多人，彼此相互勉勵，明天再接再厲。

南印度 我們來了

二〇一九年的中醫慈善義診在泰蘭加那（Telangana），是沙彌學園舉辦義診以來首次踏上南印度的土地。泰蘭加那在二〇一四年才正式成為印度第二十九個州，距離首府海得拉巴市一個多小時的路程。此次義診看診人數近九千人，不僅是歷屆之多，其中又以第六場 Mogaligidda 的一千七百六十八人，突破以往單日看診人數紀錄。此次義診由國際佛光會海得拉巴協會會長 Dr.Balu 做當地的安排及協調，由於當地使用的語言絕大多數是泰盧固語（Telugu），儘管不是沙彌熟悉的語言，他們竭盡所能學習義診期間需要的常用的詞彙轉換成的地方言，也儘管這十位沙彌是第一次參加義診，雖然語言不通，但仍身體力行協助醫師、幫助病患，完成

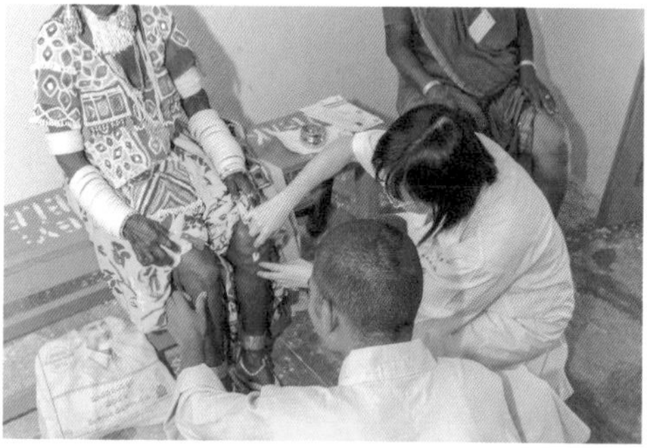

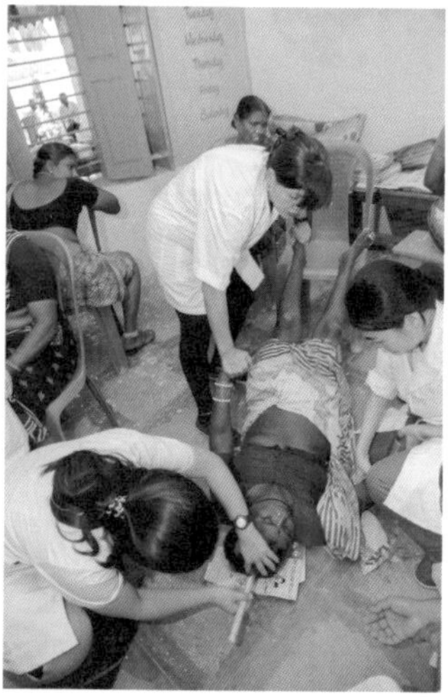

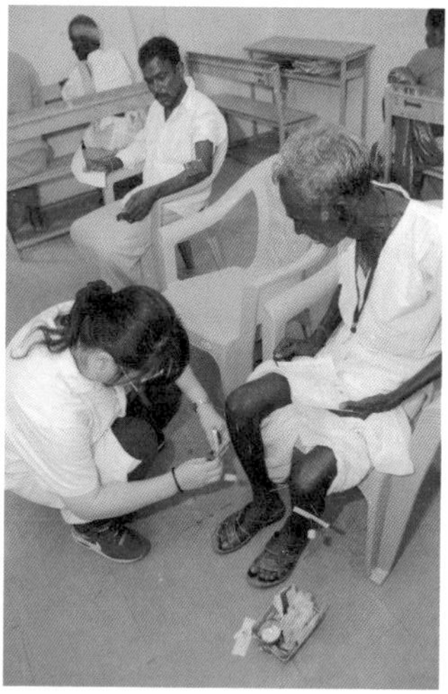

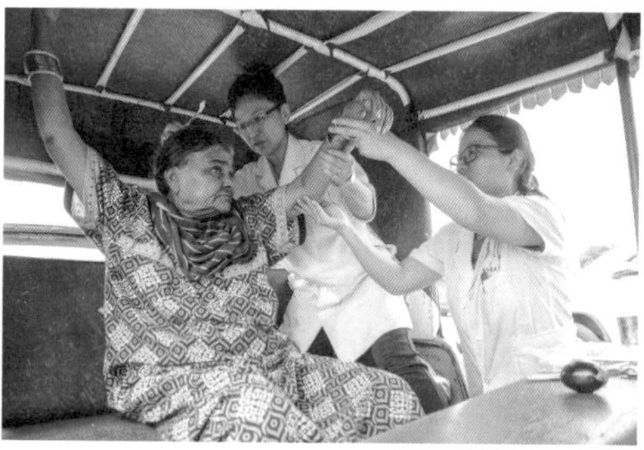

十年義診之路，地圖由沙彌乘良繪製

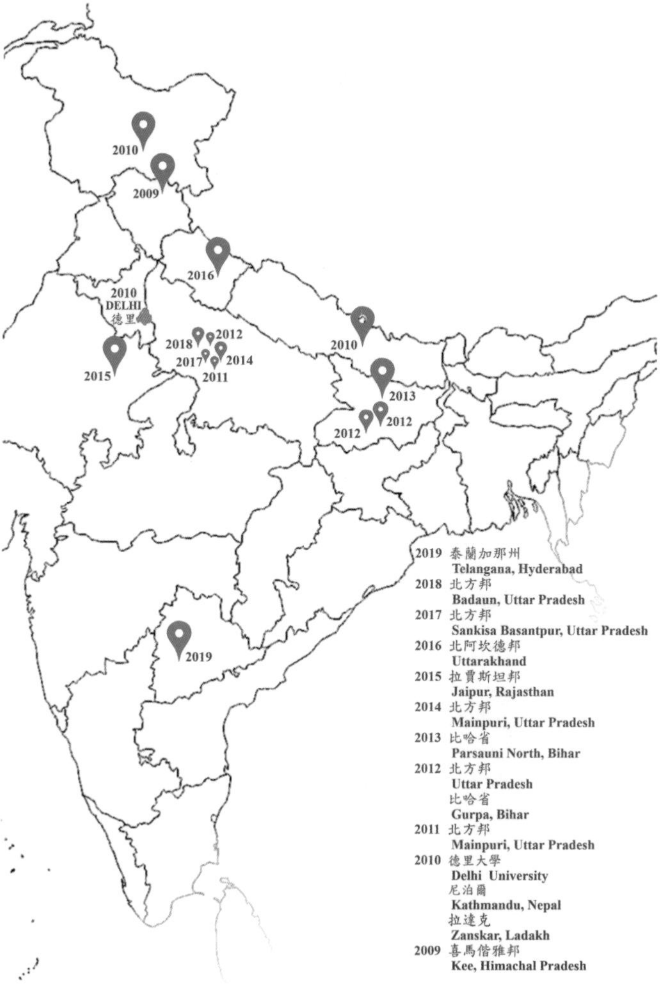
2010
2009
2016
2010
DELHI
德里
2018
2012
2017
2014
2011
2015
2010
2013
2012
2012
2019
2019 泰蘭加那州
Telangana, Hyderabad
2018 北方邦
Badaun, Uttar Pradesh
2017 北方邦
Sankisa Basantpur, Uttar Pradesh
2016 北阿坎德邦
Uttarakhand
2015 拉賈斯坦邦
Jaipur, Rajasthan
2014 北方邦
Mainpuri, Uttar Pradesh
2013 比哈省
Parsauni North, Bihar
2012 北方邦
Uttar Pradesh
比哈省
Gurpa, Bihar
2011 北方邦
Mainpuri, Uttar Pradesh
2010 德里大學
Delhi University
尼泊爾
Kathmandu, Nepal
拉達克
Zanskar, Ladakh
2009 喜馬偕雅邦
Kee, Himachal Pradesh

此次義診任務。

乘恩在日記中寫下參與義診的感言中：「我們一直平等地幫助病人，不管他們來自哪個宗教，在我們面前，大眾平等。我們沒有任何的分別心，大家看到我們的做法，都非常感動。」

你們像是我的家人

慧顯法師說，因為義診讓我們與大眾結緣，因為義診家長更願意把孩子送來沙彌學園，也因為義診我們對印度人多一些了解。

印度人很認命，種姓制度將人分出等級，這等級是世襲的，位於底層的，永世不得翻身，但他們不覺得命運不好，照樣過日子。但是當有愛心的陌生人，千里迢迢來幫他們免費看病，還有治病的藥，他們覺得難以置信，世上竟有這種人！

每到一個地區義診，當地人都希望我們再來。偏鄉的村民很隨緣，是來跟我們結緣的。像鄉間較為普遍的皮膚病，他們沒想過要就醫，山上也沒有醫師，義診團隊來了，幫他們處理膿瘡，很痛，也忍下了。

你來了，他很歡喜；你不來，他照樣過日子，一切如常。義診對我們來說，收穫比他們多，我們看似施，其實不是，因為我們得到更多。

沙彌因為義診，親眼看到「世間無常」，一夜之間成長了。慧顯法師說去年義診時，有一位老爺爺家中有田、有地、有房子，還養牛、養羊，算是富有的，結果因為病了，被趕出家門，住在一個沒有四壁的小帳篷。冬天冷，老爺爺的棉被是濕的，怎麼過冬？老爺爺半身不遂，身體癱了不能走，只能爬。勸他來給醫師看，他很悲傷說已經放棄生命，看到我們的誠意，來姑且一試。他爬著過來，第一次針灸，痛到叫天叫地說不來了，回去後發現自己稍微能活動，第二天又自己爬過來了，第三天醫師到他住的帳篷為他出診針灸。

老爺爺的遭遇，沙彌感受到老人的痛苦和子女的不孝，也了解施比受更有福、更快樂。沙彌日記上寫：「我今天做得很累，可是老爺爺對我說，這一輩子沒有人對他這麼好過，你們像我家人一樣……」聽了老爺爺的話，一天的疲勞都消除了。

印度也有像我們區衛生所這樣的組織，但規模小沒發揮功能。每個村落也有醫療單位，但沒有醫師。醫師大都到城市開業，村民沒錢去看病。我們去義診的地方都是偏鄉，是沒有電、沒有自來水的地方。慧顯法師說，希望未來可以固定在幾個地點認養村莊或設立診所，邀請不同國家的醫師輪流來支援駐診一段時間，提升村落的醫療服務。

沙彌學園和義診活動滿十年了，雙十是個美好的數字，期待繼續邁向第二個十年。

沙彌日記

「多年前我兩手空空來到沙彌學園，沒想到幾年以後，我帶著滿滿的學習成果回到了家鄉，能有這個機會為家鄉的人服務，希望能以我為榜樣，帶動家鄉的人。」

平日沙彌學習的慈悲喜捨觀念，在義診活動中體會和落實。在不方便的情況下工作能甘之如飴，是成功的一種訓練課程；回到落腳處一樣不舒適，是否也能甘之如飴，相互協助、相互扶持，不生氣、不抱怨，甚至在擁擠間彼此容忍對待，也是一大考驗。沒有人覺得辛苦，沒有人爲不便而苦惱。對環境、對遭遇、對人、對自己，隨遇而安，這就是慈悲，沙彌學習到，也做到了。

沙彌日記

義診現場就是教室

沙彌參與義診，最多的一次有十四位。沙彌將患者說的印地語翻譯成中文，詞語不夠用時夾雜著英文；醫師講中文，沙彌翻譯成印地語。除了翻譯，沙彌也因為義診活動，學習行政協調，像是義診地點和時間的安排、用餐時間的調配等。沙彌學習到最多的是，醫師看診時教他們認識患者的症狀、病因和病理，並學習認識針灸。看診現場也常出現一些必須緊急處理的狀況，如病人暈針、癲癇發作或忽然尿失禁等，醫師須當場處理，沙彌在一旁協助並學習。這像是課堂搬到戶外，義診現場就是教室。

有一次義診團隊到一所學校，因為地方小，動線流程不順暢，外面在

針灸處
Acupuncture
सूचीभेदन
03

Pharmacy
दवासाजी
04

掛號處
Registration
पंजीकरण
01

慈善義診
FREE MEDICAL CAMP

PHARMACY

排隊，裡面也很擁擠，慧顯法師跟一位沙彌說，為了維持看診品質你要把關，不能讓外面的人衝進來，他們必須先領號碼牌，一位一位登記，一位一位叫號，叫到號的，先到護理站量血壓，最後才分診到醫師那兒，不可讓患者隨便進來。

沙彌站在門口很負責的維持著，村人看他是一個孩子，不肯聽他的，依舊要衝進來。這位沙彌年紀小，塊頭卻不小，很盡責的去跟不守規矩的人理論。慧顯法師看到場面似乎就要衝突起來了，把沙彌拉到一邊，讓義工處理。

慧顯法師看機會教育來了，告訴沙彌，現在有幾種情況：第一種情況是他打你，那你吃虧啊！這樣好嗎？沙彌說不好。第二種情況，他打你後你打他，兩個人打架，如果旁邊剛好有記者在拍照，這樣好嗎？沙彌也說不好。既然他打你不好，你們打架也不好，這種情況下，你就不要跟他爭你有理他無理，應該圓融一點，要忍辱。本來沙彌一臉狐疑，一心按法師的指示執行任務，決心完成。這下聽法師這麼說，也就改變態度，心開意解，不再執著了。

有些事，有些時候，出家眾不方便做，不要說跟人動手，即使只是跟人吵架，也是很難看的，有失威儀。星雲大師常說「有佛法就有辦法」，出門在外能忍就忍，佛法是圓融的，總能想出辦法。

義診期間，沙彌的家屬輪流前來義診站點，讓忙於服務的沙彌更是歡喜非常，有的親屬是來求診、有的來協助義診工作、有的準備了點心與大眾分享。

一句簡單的分享，有著不一樣的願心。「多年前我兩手空空來到沙彌學園，沒想到幾年以後，我帶著滿滿的學習回到了家鄉，能有這個機會為家鄉的人民服務，希望能以我為榜樣，帶動家鄉的人。」乘良在義診結束後的分享會上說很高興有機會來到北方邦義診，因為這是他的家鄉。來自拉達克的乘悅說，目前還未有機緣回到拉達克義診，《父母恩重難報經》中記載，佛陀曾在行腳時禮拜一堆白骨，弟子不解的問佛陀，佛陀指著白骨說那是自己多生多世的父母。所以我們在義診中所服務的大眾，亦可能是自己多生多世的父母，因此我很歡喜來義診。

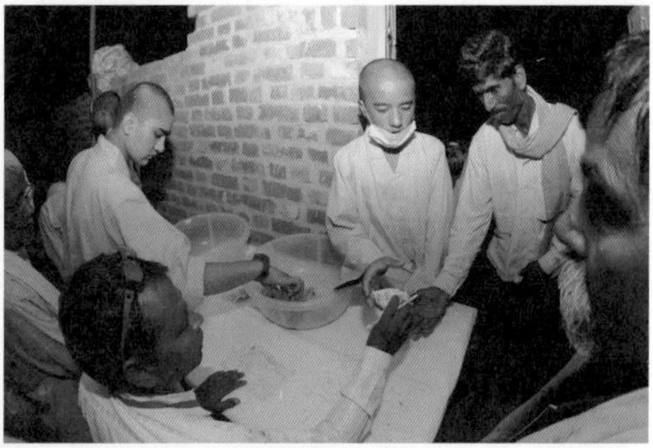

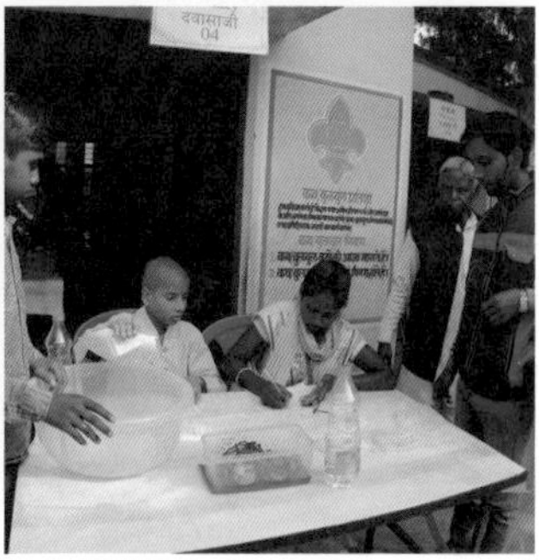

五顆星星回來了

沙彌平時待在學園內讀書，偶爾安排沙彌外出行腳及聖地參訪。像義診能與這麼多外面的人接觸，機會不多。在學園裡，沙彌是小小出家眾，所見到的大多是男眾；醫師有像媽媽年紀的、有奶奶級的，看到可愛、中文又好的沙彌，都很照顧他們。

長得可愛的，得到更多關愛，像乘聞，醫師來了就要找那可愛的乘聞。慧顯法師說乘聞很乖，今年十五歲，漢語演講第一名。這孩子從小就說「我不要可愛」，慧顯法師便乘機教導：「聽你這樣說，我覺得很好。你要有智慧，要可愛幹什麼？」

不懂世間的人情世故，天真的沙彌有時不知什麼是結緣？什麼是攀緣？比如某位醫師對他好，就攀上這個緣。有男眾醫師對某位沙彌特別好，把他當學生一樣教他、疼他。醫師是善意的，但對沙彌來說，出去義診，每個人是團隊裡的一分子，不應哪位醫師對你好就找他去，但攀緣與否很難分別，到底什麼是結緣？什麼是攀緣？難以拿捏，都是須學習的。

有一次，乘仁腳傷了，醫師幫他治療，乘仁沒有向慧顯法師請假，義診結束要離開，他還留在醫師那裡，結果車子不等他，開走了。那晚乘仁非常緊張，打了好多通電話給慧顯法師，但法師決定不接。法師知道他在醫師的宿舍很安全，不會有危險，所以讓他留在醫師那裡。

第二天醫師來表示歉意，慧顯法師說我很放心沙彌在您那兒，不接電話只是給他教訓一下，讓他知道在團隊行動中，不是他想做什麼就可以自己決定做什麼。這一次對乘仁是個教訓，經過這次教訓，沙彌學會怎麼配合團隊的活動。這是個機會教育，沒經歷過是學不會的。

現在沙彌學園對外招生，學生都是主動來報名的，這要歸功於「義診」。因為跋山涉水到偏鄉結緣，而且辦校的口碑也佳，家長就主動將孩子送來。沙彌來沒多久就能回饋鄉里和社會，第一屆五位沙彌回鄉義診，他們擔任翻譯，在地方上造成轟動，當地報紙以「五顆星星回來了」為標題加以報導，學園感到很光榮，沙彌的家長也是。

證明自己是個有用的人

在窮鄉僻壤看見孤苦無依和缺乏愛的老人，沙彌的悲憫心立即生起。他們不怕髒、不怕老人身上的病和味道、不怕患者皮膚膿瘡和潰爛，只想幫助眼前痛苦的人，用充滿愛心的眼去看待病人、用溫柔的言語去撫慰病人、用不怕髒的手去處理傷口。慧顯法師他會擔心沙彌受感染，叮嚀他們要勤洗手。他說沙彌離開原生環境，在一個乾淨的環境生活久了，喝乾淨的水、吃乾淨的食物，接觸病患時不可大意。倘若自己受到感染或被傳染而生病，成了需要被照顧的病人，如何去幫助他人？

乘學年紀小，本來須再等兩年才能參加，因為成績好一下跳兩班，因此就提前參與義診。他看起來明顯比其他人小，有人說你這麼小去那裡做什麼？乘學有志氣的回答：「我很有用，我可以填寫藥袋、解說藥的功效和吃法……」乘學什麼都做，毫無問題，的確能幹，他證明自己是個有用的人。

大班的沙彌今年分派七年級，明年六年級，分年級、分班參與義診，

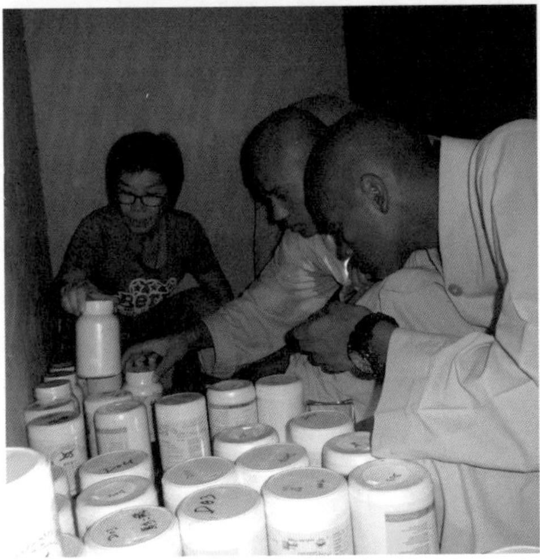

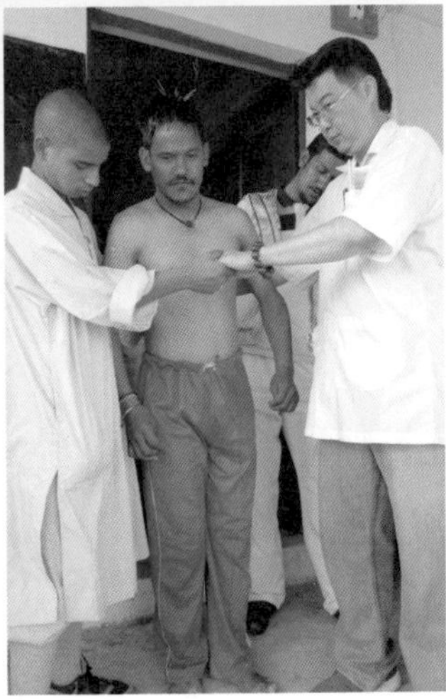

留校的小班沙彌看見學長有機會參與義診，他們也非常期待自己像學長一樣，想著「什麼時候輪到我呢？」學長參與義診回來製作成短片與學弟分享，學弟看學長在義診現場的狀況，好羨慕，個個都想去！

義診現場的工作很多，沙彌最主要是翻譯。沙彌想去當然好，但前提是要會翻譯。慧顯法師說：「沙彌啊沙彌，你要更努力了，中文、英文、印地語不行的話，帶你出去做什麼？要有用才會帶你去。」單是「想去」這念頭，激發了沙彌更加用功學好語文的動力。

我思故我寫

~ 乘銘 2018.11.3

開過第二次的義診籌備會議以後，我們大家都非常的興奮，因為即將要到北方邦去做慈善義診、福利社會的修行了。這更是為了要去實際體驗，在課堂上所讀到的「菩薩行持」與「慈悲喜捨」的修行，我們滿心的期待。

今天晚上十一點鐘，醫師和義工將從各地抵達新德里。很感謝慧顯師父給我機會學習接機，這是我生平第一次到機場接機，我不停提醒自己要面帶微笑，要用「四無量心」中的「喜無量心」來歡迎醫師和義工們。

接完機，把大家安頓好，再回來寺院時已經是半夜一點鐘了，我要出門的行李都還沒準備好！雖然睡眠不足，但是非常高興，因為能把握機會學習，人生才會豐富、才有價值。

乘得 2018.11.3

感謝常住給我機會參加義診，讓我有學習的機會。這已是我第三次參加義診了，第一次是在拉賈斯坦邦，第二次在北方邦，每次都會有不同的因緣，每一次都讓我學習到不同的醫療方法。有了前兩次的經驗，我不但不緊張害怕，而且還很期待要去學習體會不同地區、民眾的不同語言和文化。

今天從國外來的醫師們那麼積極發心，來到我的國家幫助我的人民，我也要跟他們一樣發大願「未成佛道先結人緣」。雖然我沒有醫療技術，但我可以去為醫師和病人做翻譯，我也可以協助針灸部醫師一些比較簡單的工作，我更可以去藥局幫忙……我們「集體創作」讓事情更圓滿。

總之，我們就是秉持師公所說的「菩薩的心，青年的力」，來完成每一場的義診。

〰 **乘聞 2018.11.4**

慧顯師父常說去到哪裡，都是一個學習的場合，要有滿滿的學習，不能空手而回。因此，這次的義診就是一場「戶外教學」課程，我準備好了要去學「發心」、學「服務」、學習一切好的知識，我非常的期待這次能學到什麼。同時我也在想，有「輸入」，也就是我的學習，當然也會有「產出」，也就是呈獻我們的學習成果的意思，就是我們能在義診做的服務了。這樣的學習才有價值。

〰 **乘勇 2018.11.4**

我非常的歡喜能有機會參加今年的北方邦中醫義診。出門一趟，我相信對我的學習和成長是非常有幫助的，更何況義診也是一種「廣結善緣」的好機會，我就更樂意參加了。

當然，要成就一件好事，是不容易的。而要成就一件大善事，那就更不用說，到底會有多辛苦了。雖然如此，我們也不可以因為怕辛苦，就不去做好事。所謂「忙就是營養」，「忍耐就是力量」，我們就用「忍辱柔和」的修養，來面對參加義診的種種辛苦吧。

做好事不容易，所以我們不可以「退票」！

〰 乘琳 2018.11.4

我覺得自己很幸福能有機會參加義診。如果今天我沒有來到沙彌學園出家，我想我就不可能有這個機會，來跟這裡的眾生結緣。感謝這輩子的出家因緣，我會用「慈悲喜捨」的心情來參加這場義診。

〰 乘學 2018.11.4

我能參加義診是因為「佛教」的因緣。因為有佛教，才有師公；有師公，才有佛光山；有佛光山，才有沙彌學園；有沙彌學園，才有我。當然，我更要謝謝慧顯師父給我這個機會去參加義診。慧顯師父告訴我們要用「菩薩心」來幫助別人。雖然我的年紀最小，但是「小」不一定就沒有用，我會盡我的能力去學習，做個有用的沙彌。我覺得能服務別人，是最有福報又快樂的事情。

我在負責翻譯時也會遇到困難，因為這裡的老人家只會講「方言」，不會講「印地語」。我們最後是用很多的「解釋」，終於讓醫師和病人可以進行溝通，彼此了解。

雖然我們沙彌來自印度不同的地方，但是我們幫助別人的目標是一樣的。

〰 **乘銘** 2018.11.4

總務組把行李上巴士清點完畢後，我們一行四十一人浩浩蕩蕩的出發了。三百公里的距離，預計要開八個小時的車程，才會到達位於北方邦西部的 Badaun 縣。醫師和義工們從外國千里迢迢才能飛到印度，也要當地的協辦單位配合，還要募集各種資源等，義診才能成行，一路走來發覺到要做善事也是不容易的。

這裡不是個四通八達的城市，既沒有資源，也沒有山水，人民又貧窮。不過，卻有大城市沒有，而且是世間最美好的「人情味」。我們一到達時，每個當地義工看我們的眼神是充滿真誠和感謝的，讓我覺得很感動。

卸過行李和藥物後，我們知道當地義工來不及準備晚餐，就主動幫忙，在短短的時間內，我們就把食物給準備好了，真是太有效率了。

乘得 2018.11.4

從德里開車到北方邦 Badaun 縣要八、九個小時的車程。這次義診的主要聯辦者是乘戒學長的父親 Kripa Shankar 校長，我們這次的食宿都是在他的學校解決。到了目的地時，看到一切都還在趕工中，而且地方非常的擁擠，師父和我們共十九個人要睡在一間小教室裡。但地方簡陋對我來說是可以接受的，因為我們是來服務別人的，不是來享受的。

《三藏法數》說「慈愍一切眾生受種種苦，誓願救拔，是名發大悲心」，師公說「給人信心、給人歡喜、給人希望、給人方便」，義診就是為「修行」佛陀和師公的教誨而來的，就是要發「無緣大慈，同體大悲」的菩薩心，來服務人民。

感謝有這個因緣能來協助義診，更感謝病患給我們一個機會服務他們，成就我們的菩薩行。現在我們愈來愈懂得「發心」做事的價值了。

乘良 2018.11.5

沙彌學園過去十年來，在印度各地舉辦了，無數場的「慈善義診」活動。曾經到過位於喜馬拉雅山脈的拉達克、人口最密集的北方邦、佛陀成道的比哈省、擁有最大國家公園的北阿坎德邦和擁有最多皇宮殿的拉賈斯坦邦。

這次是要去位於北方邦西部的 Badaun 縣服務。印度獨立七十一年來，從來沒有人到過這個地方舉辦義診，我們是有史以來，第一支「中醫」義診隊，來關懷當地村民。原來，我們大家都在為佛教、為自己寫歷史。

兩千六百年前佛陀曾經到過這個地方休息七天，那麼巧我們也打算在這裡進行七天的義診服務，我覺得我們跟佛陀非常的相應。在我的想像中，佛陀時代的Badaun縣，肯定是個「鳥語花香」的好地方。但現在，這裡是個「鳥不下蛋」的窮鄉僻壤，人民生活是苦不堪言。

我悲傷難過的對佛陀說：「佛陀啊！這地方已經不再是您當年到來時的模樣了。弟子希望這一次的義診，能幫助這裡的眾生，脫離世間的病苦、身體健康、生活順利。祈求偉大的佛陀，加持我們，讓我們完成利益眾生的心願。」

乘諦 2018.11.5

義診團隊的成員有來自馬來西亞、印度、新加坡和台灣等不同地區的醫師和義工，我相信是因為我們「宿世有緣」才能那麼快樂的相聚在一起。這個緣份很不可思議，我們必需要珍惜這個因緣，因為下次是否還有緣份再相聚去幫忙別人，那就不一定了。義診的過程當中，我們或許會遇到困難和考驗，我們要懂得用佛法、用菩薩「六度」的精神來處理，相信有大眾的力量，一切都會圓滿的。

很感謝病患願意來給我們一個機會服務他們，我們才能修菩薩道。願我生生世世都能出家，行菩薩道。

〰 **乘義** 2018.11.5

義診的第一、第二天，我輪組到藥局去協助寫藥單、配藥和發藥。我學會分配工作給義工做，自己就機動性協助處理問題，這樣的合作模式，我們大家都覺得工作很順暢、很輕鬆。就像觀音菩薩的「千手千眼」分工合作，一切佛事都能圓滿完成。

感謝師父和大眾給我這個機會學習和服務，也感恩病患來成就我們，這樣「眾緣和合」，才能圓滿一場千人的義診。

〰 **乘守** 2018.11.5

今天是義診的第一天，剛開始時我們大家都很勤勞的在工作。到了中午時，身體就感覺有點累了，但我們的心一點都不累。我們用菩薩的發心，從沙彌學園出發到這裡舉辦義診，我們就是要努力的服務。感謝師長們給我這個機會來修福報。

乘悟 2018.11.5

我非常期待參加義診，更希望我們的義診，辦得一年比一年好。去義診的路上看到很多人，三教九流，什麼樣的人都有，我們要怎麼樣度他們呢？如果直接告訴他們說佛教是最好的宗教，他們也不會相信我們。所以，慧顯師父用「慈善義診」的方式先跟他們結緣，希望將來因緣成熟時，就可以進一步度化他們。

我們師公把佛教傳到世界各地，我們也要像師公一樣「粉身碎骨為佛教」，我們跟師公的心是「心心相印」，要把佛教傳遍世界。

乘勇 2018.11.5

世人都希望能出名、被看到、被發掘、想要當主角，可是我覺得有時當個「點綴品」也很好。因為，點綴品的角色會有比較多的學習機會，自我成長的空間也比較大。好比一台車子，主要的功能是可以讓人代步，非常方便。但是，如果少了一個輪胎，這車子就完全無用了。又好比一個國家，只有國王，沒有子民，這個國王也沒有存在的價值了。

義診也是如此，我們一行四十一人，有醫師、有病患、有義工、有翻譯，大家「集體創作」、互相幫忙，沒有分角色、沒有分大小，我們都是在「平等」之下參加這個活動的，每個人都很重要，扮演好自己的角色，完成使命。

乘信 2018.11.5

算一算，這一次已經是我第三次參加義診了。

「義診」看似在幫助別人，其實受益最大的是自己。因為義診工作就是在修福報，同時也是一個學習醫療知識的好機會。

今天我負責針灸部。不要小看這一根小小的「針」，力量可大了，甚至可以救人一命。

我在旁邊協助醫生。醫生鼓勵我不要緊張，並告訴我一些穴位，讓我又學會了一個新的技能。

有病人問我說是 Modi 政府派我們來的嗎？我很自豪的告訴他說是我們佛教徒、佛光人自己發心來的。我們是佛教徒，哪裡有需要我們，我們就會到哪裡去幫忙。他聽完以後，露出燦爛的笑容說：「你們佛教徒的精神真的難能可貴，天底下很少人會這樣做的。」

我們今天的善舉，得到了村民的肯定，這份認同，是我們推動佛法最大的力量。

我們「復興印度佛教」的弘法之路，又往前邁進一步了。

乘和 2018.11.5

今天是義診的第一天，看到這裡的人民，雖說沒有受過正規學校的教育，但都很虔誠、很守規矩。看到他們那麼有秩序，我就覺得除了學校的教育以外，家庭教育和社會教育都非常的重要。

希望透過義診，我們能為這裡的人民帶來健康。其實，義診除了是「我給人」以外，我的收獲也非常的多，我學習了很多醫療知識。感謝常住給我這個機會。

乘道 2018.11.5

今天是義診的第一天，我們大家都很忙。其實，懂得忙的人，他的生活是快樂、幸福和歡喜的。不忙、沒事做的人，自然會有煩惱。從「忙」中去認識佛法、從「忙」中去廣結善緣、從「忙」中去修福修慧……，要「忙」得有意義、有價值。如果能從「忙」中學得一些東西，這樣就有價值了。

乘能 2018.11.5

人在世間生存，「生老病死」是無法避免的。娑婆世界就是一個不圓滿的世界，你要的也要面對，不要的也必須要面對，所以活在這個不圓滿的世界裡，我們必須要接受並面對「生老病死」。

義診的第二天，有很多老人來看病。其中有一位老婦人痛苦的詢問我，是否能治好她全身疼痛的病，否則就開一帖毒藥，直接毒死她，因為她實在無法再承受這種病苦了。我非常驚訝她會講這樣的話，就開導她說，我們會努力給她治病，請她也不要放棄自己，病才會好起來。

因為「病」太痛苦了，苦到使人失去了活著的欲望，甚至放棄自己，想了結這個生命。唯有佛法能讓我們增長智慧，看透三世因果，對生命的種種苦，能更闊達、更坦然面對。

〰 **乘琳 2018.11.5**

今天是我第一次做義診的翻譯，我發現到有很多我們平常在沙彌學園上課時，所學習到的常識，正好可以派上用場。所以，我們不可以小看平常在課堂上的學習，或許將來都能大大的派上用場的。

有些病患講的話我完全聽不懂，雖然我已經很用心、很認真的在聽了。原來，他們在講的是當地的方言，而我是印度東北方人，所以不會講當地的語言。這時只好請當地的義工來幫忙了。

〰 **乘銘 2018.11.5**

今天是義診的第一天，我負責帶位，也就是協助病患跑看診流程。同時，我也帶動當地義工來配合義診的工作，很高興他們都能扮演好自己的角色，使整個流程更加的順暢。

來看病的老人家當中，有些只會講我們聽不懂的方言，幸好有當地義工協助我們翻譯印地語，否則我們也無法與他們溝通。

此外，慧顯師父還要我去學習採訪，這對我來說也是從來沒有試過的。我採訪了當地協辦單位的 Kirpa Shankar 校長，也就是現在就讀南京大學的乘戒學長的父親。他與我分享了他籌備義診時碰到的困難和解決的方法等各種經歷。這是他第一次承辦這麼大型的活動，難免有很多不足的地方，他發願如果下次還有機會來承辦，他肯定會做得更圓滿。

另外一位被採訪的義工 Sandeep 表示說，鄉下醫療設備不完備，真的很需要這些外來的醫療資源來協助。他很感謝佛光山來這裡舉辦義診，利益村民，同時也帶動鄉下的年輕人投入那麼有意義的義工服務行例。

我覺得我們義診團除了給村民醫藥上的救助外，我們同時也播種了「三好」的種子了。

乘度 2018.11.5

今天是義診的第一天，人很多，大家都很忙。感謝大家的幫忙，我們的工作才能順利進行。

還沒來義診以前，我一直在擔心要怎麼翻譯。來了以後，我才知道其實也沒有太困難。所以，我明白到，一切的事情還沒試過以前，不要想自己不行，給自己一個機會，勇敢去做，就會成功。

乘得 2018.11.5

今天是第一場義診，我們碰到各種各樣的病患，從普通的傷風感冒，到比較嚴重的癌症、中風、皮膚疾病等等。村民對「中醫」一點都不了解，所以一開始時，對我們完全沒有信心。之後，有些來看過診的病患服了藥後，覺得我們的中藥很有效，就開始接受我們了。後來聽到村民們都在讚美我們的療法很有效，我就覺得很歡喜。

乘德 2018.11.6

我們參加所有的活動，都要帶著學習的心來參加。同時，也希望大家能把本分事給做好，因為這一切都是為了自己好。

非常感謝師公及佛光山，給我出家的因緣，讓我有這個機會來修善業、結善緣。也要感謝醫師和義工們願意來印度義診，幫助別人，所謂「人人為我，我為人人」。希望未來一切都能平安。

〰 乘聞 2018.11.6

今天女眾針灸室的病患也很多，大多數是老人和帶著孩子的婦女。我看到一對母子的孺慕之情，讓我想到了我自己的母親，天底下最自然的愛就是這種母子之間的親情。當醫師要為這位母親針灸時，在一旁的小男孩不忍心看到自己的媽媽受針灸之苦，就放聲大哭，就連我們大家用糖果哄他，他也不肯吃，他反而要給他媽媽吃。

這時，我強忍著在眼眶裡打轉的淚水，心想我是否有這樣關愛過我的父母、師長及信徒呢？慚愧，我不但沒有，而且還常常會因為他們對我的要求而厭惡和生氣他們。我發願要改過這種惡習，我要學會關心我的父母、師長及信徒們。

我們更透過「以文化弘揚佛法，以教育培養人才，以慈善福利社會，以共修進化人心」，佛光山的四大宗旨，來「關心」眾生，就像那男孩「關心」他母親的心情一樣。這趟義診，就是為了「關心」病苦的眾生而來的。

「關心」其實就是結緣，所謂「未成佛道，先結人緣」，有人緣，將來就有很多助緣。

乘良 2018.11.6

雖然沙彌學園也很簡樸，但是基本設備的水、電等，是具備的。佛教叢林生活作息的規律化，每件物品該怎麼擺放、每個時段應有的作息……一切都那麼的「有序」。為了參加義診，我們的作息被打亂、原有的便利不在了……我們的生活變得那麼的「脫序」。

例如就連上淨房都那麼不方便。淨房在哪裡？就是在一片田裡！為了上淨房，我們還得每天五點就起床，到無人的田裡去上，否則天一亮，人來人往的，就無法再上了。這讓我想到明朝皇帝朱元璋的「天為羅帳地為氈，日月星辰伴我眠；夜間不敢長伸足，恐怕踏破海底天」，我們現在上的是世界上最大的淨房，以天和地為界，如果有人「闖進來」，我還要怪他為什麼不敲門呢。雖然我過去也有過在鄉下的農田上淨房的經驗，但我到沙彌學園六年，已經不習慣那麼原始的上淨房方式了。

但是，生活的方不方便，不是我們大家的重點，我們的重點是在「發菩提心」、「利益眾生」。為了我們的使命，生活不方便也是能接受的。

乘義 2018.11.6

今天在藥局發藥的一位當地義工，非常勤勞又盡責，從早上九點到下午六點，不停的在唱名發藥。有時候他叫了很多次同一個名字，就是沒有人回應他。有時候是病人故意領別人的藥，硬說成是自己的……。我觀察到他不但不生氣，而且都用「忍辱」來處理這些問題。我感到很慚愧，自己是一個出家的沙彌，都不如這位在家眾義工的修為。從今天開始，我要修習「忍辱波羅蜜」。

乘諦 2018.11.6

鄉下很多沒讀過書的文盲，男生就是去種田，女生就是做家務，他們沒有知識。現在才開始推動教育，要送孩子到學校讀書。所以，我們的翻譯就遇到困難了，因為來看病的村民不會講印地語，只會講方言。幸好我夠聰明，我能大約猜懂他們的方言，所以心中感到能為他們服務我很歡喜。甚至，我還覺得服務得不夠，希望能為更多病患服務，因為這趟義診就是為他們而來的。

乘守 2018.11.6

今天有一個中風的老人來看病，醫師們給他針灸時，他覺得太痛了，所以不想治療。後來在半推半就的情況下為他針灸了，之後他感覺到身體有比較舒服，隔天就主動要求我們再為他針灸一次。看到他的身體的進步，我們都很高興、很感動。

乘信 2018.11.6

佛光山義診團隊第一次到北方邦Badaun這一區，村民還不認識「中醫」的厲害，所以早上來看診的病患不是很多。病患在接受過針灸治療後，感覺非常有效，就奔走相告左右鄰居，因此下午就有很多人來看病。有些病了很久的人、有些是吃藥也治不好、有些是沒有錢看醫生的病患，用過我們的藥和針後，都覺得有效，對我們是充滿了信心和感謝。看到病人滿意的樣子，我也覺得很滿足，感謝他們願意來接受我們的服務。

一天下來，我們看了一千多人次的病人，我感到非常的歡喜。同時感謝當地的義工那麼用心的配合我們，成就了這一天的善行。

我感到印度佛教的未來是充滿希望的。

乘道 2018.11.6

今天有一個患眼疾的老人來看病，我覺得他很辛苦，我就安慰他，要他放心，他的眼睛會好起來的。他聽到後，馬上就是一個笑臉，我能感覺到他心中生起了一個希望。人生最大的痛苦就是生病，病如果好了，才能感覺自由，才能做事沒煩惱。

乘能 2018.11.6

我發覺到「發心立願」很重要，對自己很有幫助，會推動自己專心一意的去達成目標。這次的義診我就發願要學針灸，感謝醫師們無私的教導我，讓我對針灸的技巧與手法及穴道有一定的認識。醫師還給我機會去實踐所學，因為學習針灸，一定要敢嘗試，否則就永遠學不會。感謝因緣際會，滿我所願。

乘琳 2018.11.6

今天是義診的第二天，我自己也生病了，有時頭痛，有時發燒。但是，看到那麼多的病人在排隊，我不忍心暫停翻譯，不管這些病患。師公說「大眾第一，自己第二」，我就忍著不舒服，發願把所有病人都看完後，才來治療我的病。非常感謝所有的病人，給我們一個修福報的機會。

乘度 2018.11.6

參加義診真的不簡單，要能忍受很多的辛苦。比如說沒時間休息，大家一整天都在很努力的工作，雖然身體很累，但我發現到大家的心都沒有感覺到累。我們要很忍耐，未來才會成功。感謝慈悲的醫師和義工菩薩們，願意來印度義診。

乘銘 2018.11.6

昨天的看診人次記錄是一千三百三十人次，我們大家都非常高興能有這樣的成績。

今天早晨六點吃過早餐後，我們出發到 Gudana 村，要去進行第二場的義診。因為村莊的道路太狹窄，我們的大巴士無法通行，不得已只好走遠路，要多開一個小時的車程才能到達目的地。

當地的病患從來沒有接觸過「針灸」，一看到「針」，馬上就聯想到西醫「打針」的注射器，當然就會覺得害怕，造成很多病患都不願意接受針灸治療。對於這樣的病患，我會親自帶他們到針灸部，然後找一個已經針灸過的病患說服他們，讓他們對針灸產生信心，接受治療。

所謂「但願眾生得離苦」的菩薩心腸，我今天終於體驗到了。

乘得 2018.11.6

這兩天我負責翻譯。雖然我是北方邦人，但是每一個地區都有不同的「方言」，所以我有時也會聽不懂病患在講什麼，當然就沒辦法為醫師做翻譯。遇到這樣的事情時，我感到很困惑，不知道該怎麼辦。這時心想「有佛法就有辦法」，我就去請當地年輕人為我做「印地語」翻譯，之後我再翻譯成中文，最後才完成這一次的看診服務。

在整個過程當中，我學會處理「難題」要不慌不忙，一步一步的用佛法智慧來完成，一切都急不來，要用「耐心」去面對他，不要逃避，事情最後就能圓滿。

乘持 2018.11.7

今天是義診的第三天，我在翻譯的時候遇到各種各樣的病人，其中有一位是啞巴，但他的家屬沒有陪他一起過來，其他人就不懂得如何跟他溝通。我的親哥哥也是個聾啞人士，所以我懂得如何跟他們溝通，也非常同理他們的困境，我就揮手示意他過來，為他向醫師反映他的病情。我把他視為自己的哥哥一樣來照顧，希望他能趕快恢復健康。

另外有一位是六歲以後，才無法言語的女病患，經過後來醫師們針灸後，她的聲帶發的聲音變成比較清晰，看到立竿見影的效果，我們大家都感到非常歡喜。

有師公、有佛光山，我感覺到很有福報。在沙彌學園，我們才有機會學習各種課程和技能。所謂「少壯不努力，老大徒傷悲」，我們要不停的學習，珍惜每一個學習的機會，一刻也不能歇下學習的步伐。

乘德 2018.11.7

今天是義診的第二天，大家都非常的歡喜。我在義診的同時，也在幫忙沙彌學園物色優秀的學生，希望也能招到新生來就讀沙彌學園。我以前覺得人多很麻煩，後來覺得學佛出家的人愈來愈多不是更好嗎？所以就喜歡跟大眾人一起生活了。過去我也不會幫助別人，是沙彌學園的因緣改變了我，讓我的生命充滿光明的前途。

乘聞 2018.11.7

一場義診，除了有醫師、義工、沙彌以外，最重要的還是要有「病人」。雖然說義診的一切事情，都是我們籌備的，但如果沒有病人，這一切籌備又是為了誰呢？如果沒有病人，我們一切籌備的努力，不就是白費力氣了嗎？這些病人家貧如洗，所以需要我們的幫忙，但我們絕對不可以看不起他們，反而要尊重他們，所謂「施者，受者，等無差別」，我們更要感謝他們願意來接受我們的服務，增加我們的福德資糧。沒有病人，義診是無法圓滿的。

乘義 2018.11.7

我今天負責為陳醫師翻譯，我們共看了一百三十名病患。但我們當天的總看診人次是一千五百多人。我明白到一個道理：「大眾的力量」。個人的能力有限，個人的成就也有限，最好的就是大眾的力量、大眾的成就。所以，生活在「大眾中」，他的功德利益就是這樣不可限量。我覺得「三生有幸」能在大眾裡生活。

乘諦 2018.11.7

我們要珍惜有因緣能參加這一年一度的義診。要用「慈悲喜捨」的心情來參加。我們要對一切眾生慈悲，不對眾生起憎恨心，用慈愛的語言來翻譯，用慈悲的心情來服務才有意義。因為，佛教的根本就是「慈悲」。我們也要用「喜捨」的心，來對待一切眾生。為人看病時，用歡喜心來服務別人，病患就會更願意來看病了。要「捨得」布施醫藥給病患，更要捨得布施歡喜給他們。

乘和 2018.11.7

人人都有佛心！我們的兩位司機先生，一位是錫克教徒，一位印度教徒，七天以來在掛號處，義務的協助我們維持秩序。他們的工作是司機，其實可以不用來幫忙的，可能是被我們感動了吧，就發心來協助。我還遇到一位回教徒，因為當時天色已經暗了，就幫我照手電筒，方便我發藥給病人。他的行為讓我非常的感動。

在這裡感受到宗教間的和諧和共存共榮。希望未來的世界，人們能夠和平相處，沒有戰爭、沒有人與人的仇恨，只有有情有義的世界。

〰 乘守 2018.11.7

我去義診的目的是要修福報、弘揚佛法和利益眾生。我們用「給人信心、給人歡喜、給人希望」的信念來投入義診，所以感覺很開心。我們沙彌的出現，讓村民對沙彌學園有進一步的認識，讓他們知道我們在學園多麼快樂的學習。

〰 乘悟 2018.11.7

今天是義診的第三天，我一看到病人，心裡就想到「眾生苦」，就覺得很難過。所以，我要很用心的幫忙病人翻譯或做點什麼能幫助他們的事情，希望能減少他們的苦。當我們發願要減少眾生苦時，我們就是在減少自己的煩惱。

從這裡就可以看到佛教跟其他宗教的差別。佛教講因果、講中道，但有些宗教不講因果，做了壞事後，只要到河裡洗個澡，就不會有後面的果報了。但佛教說「一切皆空，因果不空」，我們應該要知道「善有善報，惡有惡報」。

乘信 2018.11.7

在世俗社會的生活裡，每個人都要學會照顧自己和自己的家人，這就是一個人在社會上的責任。而修行菩薩道的出家人，把世界當成自己的家，把眾生當成自己的家人來看待，所以對菩薩來說，利益「眾生」就是在學習照顧自己的家人、就是理所當然。所以，能夠參加義診，我實在是太歡喜了。

今天剛好是印度教的「排燈節」，一般人會用燃放鞭炮等狂歡的方式來慶祝。而我們是用義診服務的方式來度過，我覺得這樣比較有意義。能夠在義診幫助那麼多人，我們才是這個世界上最幸福的人。

今天義診來到 Bisaoli 村，這裡民眾次序大亂，還有人在隊伍中吵起架來了。原來是因為有人私底下在「賣黃牛票」，向病患收二十盧比的費用，所以大家就會計較看診先後的順序。我對這件事情感到非常的生氣，因為我們的義診是完全免費的，是來幫助窮人的，怎麼可以向窮人收錢呢！幸好發現得早，這樣不當的行為馬上就被我們喝止住了，下午整個流程又回歸正常了。

如果有人問我參加義診是「修行」嗎？我的答案是「當然是！」。

一、付出時間和體力，這是「布施」。

二、用「慈悲心」去面對一切有理、無理的人和事，這是「持戒」。

三、接受生活種種的不便，這是「忍辱」。

四、七場義診，每天服務十小時，這是「精進」。

五、藥局在處理病患的藥時要專心計算，不能有錯，這是「禪定」。

六、要處理「黃牛票」的事要用「般若」。

請問這點點滴滴不是「修行」，那是什麼呢？

乘道 2018.11.7

有句話說「未成佛道，先結人緣」，我們舉辦義診的使命就是在結眾生緣。一個出家人，如果不結人緣，又怎麼弘法呢？所以，我們用義診先跟大眾結緣，將來我們來弘法時，這些跟我們結過善緣的人，就會來聽法。

雖然義診會很累，但我們還是要堅持我們的使命，再累也要撐著。我們的色身可以累，但我們的心不可以累，做一件好事，絕對不可以退心，這就是菩薩的精進力。

乘能 2018.11.7

義診都選擇在窮鄉僻壤的鄉下舉行，我們日常生活的吃喝拉撒睡，變得非常不方便。為了成就這場義診，沒人抱怨生活、沒人鬧情緒，為了「使命必達」、為了我們的目標，大家接受一切的不方便。因為大眾「集體創作」的互助合作，不分大小、互相尊重、互相配合，義診進行得很順利。

乘琳 2018.11.7

今天是義診的第三天，我們一天當中就服務了一千多名病患，這真的是無量的功德。雖然我們大家都很辛苦，但是「做好事」不要怕苦，辛苦只有一下子而已，心中應該想「今日的辛苦努力，就是未來的成功」。

乘度 2018.11.7

感謝師公接受我出家，成為佛光山的弟子，我要發願生生世世都要出家、弘法、度眾生。我們現在穿的法衣，給我們因緣學習一切，又可以修菩薩道，我們千萬不可以捨離這件僧服。感謝自己堅持出家已經七年了，才有機會參加義診，學習這一切的知識。有了這一切的學習，未來才有能力「復興印度佛教」。

乘銘 2018.11.7

雖然說我們來偏鄉舉辦義診，就是要來調整村民大眾的色身，或給藥，或針灸，或推拿整脊……，使他們得到健康的「調身」過程。

但我覺得義診的過程更是一個「調心」的過程。我們從首都新德里，生活便利的沙彌學園，來到一個連基礎設施都匱乏的偏鄉，沒有自來水、沒有電，就連淨房和浴室也是四十一人共用兩間，餐飲也就是最簡單普通的印度餅等，種種的「不方便」，我們要用「接受」的心去適應、去調整、去入鄉隨俗。從簡陋「不方便」的設備當中，去找到調整、適應的「方便」；從「不習慣」的飲食當中，也能吃出歡喜心來。因為帶著「開放」、「接受」和「放下」的心，生活就不覺得不自在。

在義診的現場，也是「調心」的好場所。如，來看診的病患不排隊、不守次序，難道我要對他們大叫吶喊嗎？當地義工有時會偷懶，沒有把自己的分內工作做好，難道我要嫌棄他們嗎？遇到沒有受過教育，只會講方言，不會講印地語的文盲病患，難道我要罵他們為什麼不講印地語嗎？答案當然是「不」。是我應該要調整自己的內心，用更開放的心來對待眾生，才能祥和歡喜。

〰 乘得 2018.11.7

今天我協助針灸部。回想起第一次義診到針灸部，那時對針灸沒有概念，所以沒辦法幫忙，只能看著醫師們針灸和幫忙翻譯，實在覺得無聊。第二次義診時，我就主動請求醫師教我針灸，王醫師教我認識針膝蓋和足根痛的穴位，黃醫師教的是是腰痛的穴位。真的非常感謝她們無私的教導。

乘良 2018.11.8

師父告訴我們，要帶著「慈悲喜捨」的心情，來參加這一次的義診。我們用「愛語」、「柔軟語」、「輕聲細語」……來跟病患溝通，為他們引導看病流程及說明服藥數量。過程中，和樂、和諧，每個男女老幼都非常的歡喜。

在大家的「集體創作」之下，我們創下了十年來看診人次最多，也就是九千人次的記錄。我們非常自豪的完成了使命，復興印度佛教之路，又推進了一步。

乘持 2018.11.8

這是我第二次在義診的活動中負責典座了。我是非常歡喜接受這項任務的，但是一邊進行義診，一邊為大眾準備三餐，其實也不是那麼簡單的！每天早上五點鐘，大眾還沒起床，我們典座組的就要來準備早餐了。義診結束後回到住宿的地方時，我們大家都很累了，但我們這一組典座的沙彌，還要去為大家張羅晚餐。我們彼此鼓勵說，我們是發心來服務的，不要怕辛苦，最重要的是能認真的完成使命，這樣就覺得很有福報了。

乘聞 2018.11.8

今天有很多老人來看病，我就用一種比較輕鬆活潑的語調來問候他們，因為我希望他們能夠開心一點。除了他們主動告訴我們的病況外，醫師還問了好多關懷他們的問題，我們就這樣自然又開心的交流。他們感動又歡喜的向我表示說，從來沒有人這樣關懷過他們。我想，我們除了治療他們「身」，我們也安慰和鼓勵了他們的「心」。「心」如果健康，「身」也很快的就會好起來了。為此，我感到非常法喜。

乘勇 2018.11.8

前兩天，我在負責協助女眾針灸部時，就覺得針灸部有點辛苦，可能負責翻譯會比較好一些。接下來的三天，我都是負責看診醫師的翻譯時，天天千篇一律的問題和翻譯，我就開始覺得無聊了。幸好我的性格是不輕易放棄的人，雖然覺得無聊只要有人需要我幫忙，我肯定會去為他服務的。

我清楚我的缺點就是不夠主動。非常感謝慧顯師父安排我在義診負責翻譯工作，我就很本份的去完成使命。如果今天沒有人給我安排的話，我一定不會主動去找工作來做的。我對自己的「自私」感到害羞與慚愧，希望有朝一日，能把這習氣給改變。

乘諦 2018.11.8

今天是我第一次負責帶位的工作，我從來沒做過，所以有點緊張害怕。後來，我自己鼓勵自己要勇敢面對，有了經驗以後，就不會緊張了。

要把佛教重新帶回印度，需要很多人的發心護持和推動，你也來做、我也來做，大家不分你我的互相幫助，「復興印度佛教」的美麗夢想才能實現。

乘和 2018.11.8

今天的病患大部份都是老人。我能感受到他們都非常的歡喜，因為我們對待他們的態度非常的慈悲，說話的語氣非常的柔和，又很細心、很貼心的去檢查與關懷他們的病情。但是印度本地的醫生，就不是這樣的，大多數醫生只為了賺錢才當醫生的，所以並沒有人願意到這種鄉下來為人看病的。

看過病後，這些老人家都會說「祝福你們長壽幸福」。聽到他們的反饋，我感到很驕傲、很歡喜。

〰 **乘守** 2018.11.8

慧顯師父為我們每一個人分配工作，我、乘持和乘義這次被安排負責典座組，我覺得很高興，因為這是我有興趣的工作。我們三人很用心的為大眾準備餐點，工作很順利的就完成了。

〰 **乘悟** 2018.11.8

我們不要怕學習，要怕今天沒有學習，浪費掉寶貴的一分一秒。如果每天努力的學習，學問就會慢慢的增加。今天我輪到針灸部，我覺得很高興，因為我很想要學習針灸。我看到有人在鼓勵別人針灸，那個人的信心就增加了，所以我們要學會如何鼓勵別人。

乘信 2018.11.8

今天是義診的第四天，雖然在體力上開始覺得有點累，但心裡卻覺得很開心，因為我知道，今天一切的努力與付出，就是在為未來「復興印度佛教」打基礎。

來看診的病患人數一天天的增加，從第一天的一千零三十人次到今天的一千二百二十七人次，村民對我們越來越有信心，我們一路上聽到他們不斷的讚美聲。我覺得我們每天都在進步當中。看到病人領藥後的歡喜，我們也覺得非常歡喜。

同時，我們的醫學常識也一天一天的在增加當中。我知道，慧顯師父看到我們的進步一定是最歡喜的。我們看到慧顯師父歡喜，我們就更歡喜了。

總的來說，「做好事」是很快樂的就對了。

乘道 2018.11.8

真正的財富，不是金錢，而是滿足。我們在為病人看病，把他的病治好了，他就感到很滿足。其實，滿足他人的願望，就是在滿足自己的願望。

因為給人看病，就能夠訓練自己看病的功夫，把人給治好了，就證明自己的醫術很好，這樣自己就會感到很滿足。又比如掃地，能給他人一個乾淨的滿足，其實我們是在掃自己的「心地」。所以，滿足別人的願望，就是在滿足自己的願望。

乘能 2018.11.8

在義診看到很多不幸的人，被病苦折磨，有些是聾子、有些是啞吧、有些是瞎子、有些全身都是病……，看到這些五蘊、六根不具足的人，我感到自己非常的幸運，感謝父母給我健全的身體，讓我能聽、能表達、能看彩色繽紛的世界。我會好好善用我的身體，去做更多利益眾生的事業。

乘琳 2018.11.8

今天是第四天，我們大家身體都有點累了，但是我們的心不累，一定要服務完所有的病患，不可以放棄。「累」只是提醒我們要更發心去提升自己的能力與修行。

〰 **乘得 2018.11.8**

今天我又輪到做翻譯，每次翻譯都會有不一樣的學習，這次我學會用每位醫師習慣的語法去表述病情，使得整個看病過程更加順利、流暢。

到了下午以後，排隊掛號的病患愈來愈多，眼看掛號處和負責帶位的沙彌和義工就快要失守時，感謝這幾天為我們開車的兩位司機出來維持秩序，總算把人潮給平定了。可能是因為司機夠高大，看起來很像軍人，所以只要稍微大聲一點，群眾就乖乖聽話了。

有一位醫師讚美乘銘學長很有領導能力，在義診期間表現出眾，他是我學習的對象之一。擁有領導別人的能力確實是不容易，如果具備這種能力，辦起事情來就會很順利。學習領導別人的能力之前，我覺得更要懂得如何被領導，最怕的是不能領導別人，又不能給人領導，這就會很困難了。

〰 **乘銘 2018.11.8**

這是我第三次來參加義診了，稍微有些經驗，所以不會懼怕看到各種病患。生、老、病、死，這人生的過程，是沒有辦法避免的，所以我比較能接受在義診中，看到一些乃至體無完膚的病患，並期許自己能想辦法滿足他的需求。

來排隊看病的病人當中，有不少的老人家來看診。當我看到老人家時，我能同理人人都嚮往年輕和健康的身體，我就會用「愛語」來鼓勵他們，比如讚美他們其實還很年輕等，給他「歡喜」與「希望」。這時，我看到他們臉上開心的笑容和心中滿滿的士氣，看起來就更年輕了，我感到非常滿足。

雖然我現在是一個十七歲的健康男孩，但難免會有「四大不調」生病不舒服時，更難免有一天我也會變老……乃至「死去」。我要趁現在這個年輕力健的時候，珍惜時光，做更多有意義的事情，讓我的人生更加的充實。

雖然生命短暫，從「生」到「死」，就是短短幾十年，但我要在「有限」的生命中，尋求到「無限」的生命價值與意義。

〰 乘德 2018.11.9

世上有各種奇怪的病，人的一生充滿了各種苦，這些在義診時特別能體會到。我們很幸福能有健康的身體，應該努力、用心學佛，報答師公和佛光山給我的一切。

感謝病人願意來看病，給我們因緣增加道心。感謝慧顯師父安排我們學習的一切。

乘持 2018.11.9

我們每一年在印度不同的地區舉辦義診，對沙彌是非常有幫助的，因為我們能有機會學習、增廣見聞。雖然這一次 Badaun 的籌備不是那麼齊全，但慧顯師父卻安慰承辦人說，我們都是印度人，我們都是自家人，請不用太客氣。師父這句話讓他非常的感動，解開了他心裡因準備不齊全而有的壓力。

今年的義診，看到大家「集體創作」的精神，非常了不起。出家人，要有團隊，才叫做「僧伽」、才叫「僧團」。有僧團才能完成復興印度佛教的夢想。

乘聞 2018.11.9

很多病人要求我們多開幾天的藥給他們，我們大家都很為難。因為病人實在太多了，我們帶來的藥，要平均分配給七場義診，預計九千名病患使用，實在無奈無法多給他們一些。我就示意他看看外面正在排隊的那麼多名病患，意思是要告訴他說「僧多粥少」，要請他們能體諒。

沒有辦法滿足病人的心願，沒有解決他們的問題，我內心覺得很難過、很慚愧、很對不起病人。現在我們沒有能力多開幾天的藥給他們，希望將來我們長大後，回到印度來弘法時，在各地區成立診所，用成本價治療這些苦難的民眾，同時也接引他們學佛。

乘義 2018.11.9

今天義診的場地是一位老媽媽提供的，她是個獨居老人，孩子全都在德里工作，只剩她一人在鄉下。她把自己的土地奉獻給信仰，建了一座神廟，供人參拜。我們就借用這座神廟來進行義診。老媽媽因為我們的到來，感到非常的開心，她覺得自己也是義診的一份子。所謂「未成佛道，先結人緣」，我們彼此以義診結緣，未來肯定會善業成就的。

乘度 2018.11.9

感謝 Kirpa 校長發心護持我們的義診，沒有他的幫忙，我們也無法順利的去服務眾生。校長還創辦了學校，給人讀書，培養人才。我覺得他肯定會得到大福報，將來往生到極樂世界。我在他的身上學習到用慈悲心來服務別人，用愛心來做事。希望自己多學一些佛法，未來才有能力度眾生。

現在，沙彌學園的師父和老師們就像爸爸媽媽一樣在照顧我們，給我們安排一切學習的課程。慧顯師父在努力的準備我們的未來，我們一定要堅持，不放棄出家修行。如果我們跑掉，將來誰來弘法呢？

乘能 2018.11.9

這是我第二次參加義診，辦這個義診活動是真不容易，需要很多因緣才能完成服務別人的使命。感謝「大眾」的因緣，有醫師、義工和沙彌們，才成就了這個使命。也感謝自己願意來沙彌學園出家，才有因緣參加義診。我最要感謝的就是慧顯師父給我的因緣了，我們為自己能圓滿這一趟義診，感到很自豪。

所謂「有緣千里來相會」，我們有緣相聚在一起，做有意義、有價值的事，犧牲奉獻，為病人帶來溫暖。我們珍惜這個緣分，在這個因緣裡互相成就，為團體、為社會貢獻。

〰 **乘琳** 2018.11.9

今天我輪到帶位。下午用過午餐後，排隊的病患在掛號處喧譁吵鬧，不守秩序。我當時對他們是有點生氣的，後來馬上想起慧顯師父說我們要有「耐心」和「慈悲心」，我就不生氣了。

〰 **乘銘** 2018.11.9

舉辦義診，本身就是一件利益眾生的大「好事」，這是「三好」中的「做好事」；我們用「愛語」、「柔軟語」來跟病人溝通、慰問，這就是「三好」中的「說好話」；全體工作人員帶著一個「我要利益人民」的心念來參加義診，這就是「三好」中的「存好心」。所以，參加義診就是用「說好話」來清淨我們的「口業」；用「做好事」來清淨我們的「身業」；用「存好心」來清淨我們的「意業」。在利益別人的同時，我們已經正在清淨我們的身、口、意了。

病患對「中醫」尤其是「針灸」沒有概念，自然對我們的療法沒有信心。我就想辦法讓接受我們治療過的當地病患跟他們分享經驗，他們就產生信心了，這就是「四給」中的「給人信心」。病患看了醫師領過藥後，臉上掛著歡喜的笑容，這就是「四給」中的「給人歡喜」。我們很用心的去規劃和布置整個看診的流程，從登記掛號、看診、針灸、到藥局領藥，儘量讓看病的人潮能夠順暢，不讓他們等候太久，不給他們增添麻煩，這就是「四給」中的「給人方便」。我們告訴病患說只要服藥和接受針灸，很快就會恢復健康，讓他們心中生起了希望，這就是「四給」中的「給人希望」。

我們是帶著歡喜結緣的心來服務病人的，這就是「五和」中的「自心和悅」。有些家庭對自己的長輩不尊敬、不孝養，我們的團隊用更多的愛心去關懷他，讓他們的關係稍微和樂一些，這就是「五和」中的「家庭和順」。我們雖然會鼓勵病患去針灸，但有時也會遇到一些完全不能接受針灸的病人，那麼我們就尊重他的選擇，不勉強他針灸，並安慰他說服藥也很有效的，這就是「五和」中的「人我和敬」。希望透過義診的善舉，也能夠傳播和諧與和平的訊息給社會大眾，這就是「五和」中的「社會和諧」和「世界和平」。

我們在義診中所發揮的「三好」、「四給」與「五和」，希望能為社會和世界帶來意義和價值。

乘良 2018.11.10

印度憲法雖然保障人人生而平等、社會各階級男女平等，但是在印度人民的保守思惟中，還是認同男尊女卑，女性的地位依然非常低落，女生就只能夠留在家中煮飯、做家務。我覺得這一切非常不合道理，我們希望能夠幫助改變這種不公平的情況。

今天這場義診，可能在印度的歷史裡要記上一筆。因為，這是十年來第一場由女眾承辦的義診。乘光學長的姐姐 Sapna 師姐非常的勇敢，在得不到太多人的支持之下，她依然堅持要承辦這場義診。幸好她有個非常支持她的先生，這一切才成為可能。

我想，進步的社會應該是男女平權的。佛教的「慈無量心」中，也教我們觀想年老的女人為我母、年長者為我姐、年輕者為我妹……，我們應該尊重與愛護她們才對。希望在大家的努力之下，未來的社會是平等、平權的。

乘勇 2018.11.10

有各種各樣的人，來排隊看各種各樣的病，男女老少或普通病症或嚴重病患……不一而足，我們用慈悲、智慧和忍耐來對待所有的病患，但最令我同情的還是兒童病患。今天就有父母帶了一個大約一歲左右的小男孩來看病。他天生聾啞，又眼睛和腿都有問題，我覺得他很可憐，那麼小就得那麼多病，未來漫長的人生是要如何去度過呀？如果沒有錢，窮一點日子還是能過下去。但殘障，就可能成為別人一輩子的負擔了。

所謂「人身難得」，我今天六根具足，身體還算健康，又能有因緣在佛光山出家，成為佛光人，我感到非常的幸福與感恩。我要好好善用這寶貴的一生，來修集福德因緣，來利益眾生，來為佛教奉獻。

〰 **乘和** 2018.11.10

一位擅於管理的領導人，要管人、管事、管物，要花很多的精神和力氣，是非常不容易的。我覺得我們的主任慧顯法師很會管理，比如這次的義診，他要管理整個團隊的醫師、沙彌與義工們，而且整個義診行程的規劃都非常細心與完善。在義診中，我看到師父和老師們的用心。我在學園當生活組長，我必須要用心學會管理，我才有能力去帶領學弟。

〰 **乘守** 2018.11.10

義診能看到千奇百怪的病，有的還真的是很可怕的。所以，我覺得世上沒有什麼，是比生病更嚴重的了。透過義診，我了解到世間的病苦，而這個苦都是來自我們的「身體」，所謂「吾有大患，因吾有身」就是這個意思。

今天下午來了一個只有一隻眼睛的病人，他雖然不方便，但依然工作、照常生活。我就想到我自己六根具足，更應該要發心工作，用師公的「四給」來圓滿這次的義診。

乘悟 2018.11.10

今天是義診的最後一天，我想要好好的去圓滿他，但中間遇到警察的騷擾，要做好事還真的不容易。還好後來我們還是把義診給完成了，感謝所有醫師和義工們，從那麼遠的地方來到印度，參加我們的慈善義診，如果沒有你們大家，我們是無法圓滿這次的義診的。感謝一切的因緣，讓我們可以在一起完成這個使命。

乘聞 2018.11.10

這次的義診，受到警察多次的無理騷擾，我開始擔心起來。前面幾次，我們就優先給他們看病，儘快服務完他們後，趕快把他們打發離開。但義診的最後一天，警察又來了。這次來的原因是因為有人告我們在「傳教」，警察要求我們把護照交出來，這事態就變成很嚴重了。幸好，有很多當地的義工去為我們出面跟警察斡旋，我們才得以把當天的義診給圓滿完成。但是顧慮到醫師和義工們的人身安全，我們打算馬上動身回新德里。

整個撤退的過程，很像在逃難，我們大家都害怕了。雖然是這樣，我們還是堅持不退「菩提心」，不能因為「怕」就退心了，反而更應該要去面對他，因為成佛的道路上，本來就是充滿困難和考驗的。就像悉達多太子在成佛的過程中，遇到很多魔考和三毒煩惱的試煉，他因為勇敢的面對這些煩惱，最後成就了佛道。如果當初太子「害怕」退縮了，就沒有現在這偉大的佛陀了。我們要像佛陀一樣，堅持菩提心，勇敢面對一切的困難。

〰 乘道 2018.11.10

今天這場義診，是由南京大學乘光學長的姐姐 Sapna 師姐來承辦的。是十年義診以來，第一次由女眾來承辦，非常不容易。很多人看不起女眾，但我覺得這個世界上，最偉大的人是女眾，因為是母親把我們生育和撫養長大的。這份恩德，我們無法報答完，唯有在佛法的路上好好用功，才能感謝母親的恩德。

〰 **乘信** 2018.11.10

今天的義診是由乘光學長的姐姐 Sapna 女士所承辦。她在這裡很努力的在推動佛教和「男女平權」運動，在印度尤其是印度的鄉下，推動平權是一件多麼了不起的事呀！因為傳統的社會價值觀認為女性就只能夠在家裡相夫教子，到現在還是這樣的保守。

兩千六百年前的佛陀提倡平等的社會，我覺得女性應該享有像男性一樣的權益，這樣才是真正的公平。更何況印度的憲法保障「人人生而平等」，不平等只會讓社會退步。希望未來的印度能夠男女平等。

〰 **乘銘** 2018.11.10

俗話說「活到老，學到老」，人若失去了學習的動力，就會跟失去生命力沒有兩樣了。

今天有位負責翻譯的沙彌同學去上淨房，我就暫時替代他的翻譯工作。突然聽到醫師用印地語直接問病人，是否感到身體虛弱。我嚇了一跳，這些外國醫師也學會講簡單的印地語了，而且還講得非常標準。之後我又聽到另外一桌的醫師，竟然是用當地的方言問病人是否感冒……。

我感到非常的慚愧，我應該像醫師們一樣充滿「學習力」才對。所以今天我就請教了醫師很多關於疾病症狀及其處理方式等醫療方面的常識。我非常的高興，因為今天我又有了新的學習。

菩薩應該學「五明」，基本上就是「什麼都要學」。我現在不害怕學習，只害怕自己沒有學習。

〰 **乘琳** 2018.11.10

我們每天很幸福的生活在沙彌學園，並沒有看到眾生的苦，眾生的「老」、「病」、「死」。但今天來義診全都看到了。有些病人不能站也不能坐，只能躺著。有的是瞎子，有的是聾子……，這世上眾生的「苦」是無量無邊呀！

乘德 2018.11.11

昨天的義診是由乘光學長的姐姐承辦的，她非常用心的在安排一切。第一次看到印度的女眾那麼勇敢，我覺得她很有善根，真的很棒。希望未來大家一起合作「復興印度佛教」。

今天是義診的最後一天，我們很歡喜的圓滿了這個活動。七天下來，我們服務了大約九千人次的病患，大家都很盡本份，也很用心的學習。這次有學長帶領我們，那麼下次就要靠我們去帶領學弟了。

乘良 2018.11.11

我們每個沙彌被分配負責不同的工作項目，有總務、行政、財務、藥物、典座和攝錄等組別。另外還要在義診的活動現場負責翻譯、針灸、帶位、藥局和採訪等工作。我和乘和負責的是攝錄組，負責拍照、錄影和採訪。我非常歡喜這樣的安排。

在義診會看到病患的各種疾病，都相當的可怕，也令人難過。比如有一個一歲的小孩，背部長了一顆大人手掌一般大小的肉瘤；有一位先生八年前動了手術，開刀後在右側胸腔留了一個兩吋大小的洞，還可以清楚看到裡面的內臟……，我異常的害怕，完全無法想像，怎麼會有人得到那麼奇怪的病。

在我們住宿的對面，有位被自己家人遺棄的中風老人，被推到門口外讓他自生自滅。我覺得非常的難過，怎麼會有人把自己家的長輩推在門外呢？難道人心那麼的兇殘嗎？不對的！我們人應該要有知恩報恩的心，年輕人要懂得照顧老人，這才是正常、文明的。我們就天天治療他、關懷他，他很高興因為身體健康有進步，他家人也開始在關心他。希望義診也能為家庭帶來和順與和樂。

乘持 2018.11.11

人生是苦的！活在這個不圓滿的堪忍世界，我們無法避免這些苦難，當然就要學會怎樣面對這一切的不圓滿。這一趟的義診，讓我們體會很多，民眾生活的困苦、病患的痛苦……，不一而足。所以，就讓我們來幫他們吧！至少透過義診，減少他們的身苦。

能夠有機會在沙彌學園，在最好的環境之下，接受最好的教育，我們應該善用常住給我們的一切，把握機會，努力學習與成長。

乘義 2018.11.11

今天義診圓滿結束了，這七天以來我們都在為病患服務，這是我們的修行、是我們的本分。佛是「大慈大悲」、「不忍眾生苦」的，佛最關心的，肯定是一切眾生的幸福安樂，所以利樂有情、照顧病人，就是對佛最好的供養，就是體貼佛的心意，就是最大的福報。

乘勇 2018.11.11

參加義診的沙彌都很優秀，每個人都能掌握自己的工作，而且非常負責任的完成使命。沙彌學園除了規劃我們學習學術課程、佛學課程和才藝課程以外，學園同時也培訓我們做事的技能和方法。所以，當我們出外辦活動時，就能彼此分工合作和溝通協調了。

在我們十八人當中，我特別想表揚乘銘、乘信、乘良、乘持、乘得和乘諦等六位沙彌，因為他們在這一場義診活動當中，非常負責任的帶動全場義工投入工作，使得活動非常圓滿成功。他們可以成為其他沙彌的榜樣，我們應該向他們看齊。

〰 **乘守** 2018.11.11

今天我輪到針灸部。感謝謝醫師教我針灸，雖然針灸很難，但我還是想學，所謂「菩薩廣學一切法，為度一切眾」。我不只是想學針灸，我更應該廣學一切的知識。

〰 **乘信** 2018.11.11

今天是義診的最後一天。我們到達時已經有很多人在排隊了，我們加快腳步布置，希望能趕快為這些病患看診。慧顯師父因為腳部細菌感染，所以今天沒辦法來引導大家，我是學長，就要更用心的去完成使命，讓師父能夠放心。

今天這場病患人次最多，大約有一千六百多人。所以，感覺好像不管我們怎麼看，病人還是沒有減少。

中午的時候，有警察來打擾我們，說我們不應該在這裡「傳教」。我心想，難道傳播宗教是一件壞事嗎？如果能夠把好的思想傳播到社會中，不也是一件好事嗎？更何況我們只是純粹在辦義診利益大眾。哪邊有需要，我們就去哪邊，為什麼這些警察不懂我們對社會的這一份好心？看來「復興印度佛教」是困難重重！

儘管如此，我還是要堅持傳播佛教、傳播好的思想，做更多利益人民的事。

乘得 2018.11.11

今日有一個病患讓我印象深刻，他曾經因肺癆動過手術。手術後，醫生不知為何在他腋下留下一個洞沒有封口。透過這個洞，可以清楚看到內臟的活動，非常驚人。這或許是過去世的因緣果報，現在必需要自己承擔。看看自己六根具足、身體健康，我應當要好好把握因緣，好好的修行弘法，為自己增加福報，未來才可以去幫助更多的人。

時光匆匆，不知不覺來到活動的最後一天，感覺像昨天才剛開始，現在馬上就要結束了。但是「無常」本來就是世間的「常態」，我們不應該放不下「過去」，而是要「活在當下」，更要「向前看」，還有很多的使命在等著我們去完成。

乘道 2018.11.11

發菩提心的人要「念念上求佛道，心心下化眾生」，大乘行者更是要「廣學一切法，為度一切眾」。義診的每一分、每一秒，我們都要用菩提心去度眾生，用慈悲與愛的方式去幫忙眾生，讓眾生能歡喜。

發了「菩提心」後，不能退失菩提心，即使是把燒熱的鐵，放在你的頭上，寧可忍受這種痛苦，也不要退失菩提心。菩提心就像一盞燈，不但照亮自己，同時也照亮別人。這盞能成佛的燈，是永遠不會熄滅的。而義診就是用這盞「菩提燈」照亮別人、幫忙別人。

乘銘 2018.11.11

感恩老師慈悲，給我很多機會去做各種事情、去扮演各種角色。我把每一天都看成是「最後一天」的心情，去投入工作，因為是最後一天，所以更應該要好好的把工作完成。我負責帶位時，我就一定要想辦法讓整個看診流程非常流暢順利，方便病患看病。為了確保流程順利，有時也不得不用一點「怒目金剛」的威德力，去攝受一些比較頑強的民眾；針灸時經常彎腰，雖然非常辛苦，但我更同情病患的病苦，所以要用「慈悲」來對待他們；更多的時候要用「智慧」與「忍耐」來突破自己的不耐煩等情緒。很認真的去服務當然會很累，但這是我「心甘情願」發心去做的，我的「法喜」是筆墨難以形容的。

這趟義診，我真的收穫很大。

〰 乘琳 2018.11.11

下鄉義診，生活非常的不方便，比如上淨房是一個大問題，沒水、沒電也是問題。但我們不要忘記自己是個出家人，我們要用「忍辱柔和」的修養來面對不便的生活。義診讓我知道眾生的生活困難。

病患當中也有不少的回教徒，我們沒有分別心、平等的為所有病患服務，把他們當成自己家人一樣看待。因為我們的信條是「給人信心、給人歡喜、給人希望、給人方便」。

乘良 2018.11.12

我不久前因為要更新護照，所以回了俗家一趟。我爺爺慨嘆說，他的生命就這樣平凡的過去了，而我們家族的名聲，將會因為我在佛光山出家的關係，芬芳千古。爺爺對我講的這番話令我非常感動，更堅固了我的道心。

在義診看到許多老人，我就想念起我家裡的爺爺奶奶了。所以，我就把所有來看診的老人，當成是我的爺爺奶奶一樣照顧、關懷、安慰，特別為他們服務，希望他們能早日脫離病苦。大部份的老人特別懼怕針灸，我就鼓勵他們說針灸不會太疼，而且能很快把病治好，請他們放心，並在旁邊一直陪伴他們。有些老人治療過後，感覺健康有改善，就會回來複診，我們大家都非常的歡喜。

只要用心服務，一定會被人接受的。我現在體會到「慈悲喜捨遍法界」的境界，希望「布施者」、「受施者」都獲得福報及法喜。

乘銘 2018.11.12

今天是義診的最後一天，也是單日看診人次最多的一天，共有超過一千六百多人次的病患來看診。因為人太多的關係，所以我們的場面有點失控。幸好有我們兩位高大威猛的司機的幫忙，所有排隊的民眾都聽從他的指揮，場面總算是控制住了。

下午吃過午餐後，在外面排隊的民眾大約還有五百多人，我們大家都非常的緊張。後來當機立斷，只為病人看診，不再進行針灸治療了，否則肯定無法看完所有的病患。最後連藥局也來不及應付太多的人潮，至少有兩百多人大排長龍等待拿藥。

在全體大眾的慈悲、智慧、忍耐和精進的「集體創作」之下，我們還是把所有來排隊的民眾都給他們看診和配藥了，一個也沒有漏掉，大眾合作的力量真是太了不起了。滿足所有病患的要求，提供醫療服務，我們也算對這個村莊有交代了。

明天我們要回德里了，Kripa 校長是有點依依不捨，我卻認為「人有悲歡離合」是非常自然的現象，離別是為了未來的再相見，「去」其實就是為了再「來」啊！唐朝鑑真和尚說「山川異域，日月同天，寄住佛子，共結來緣」，我們大家在佛法的因緣裡結下善緣，未來肯定還會「有緣千里來相會」的。

乘道 2018.11.12

要成就一件好事是不容易的！今天是義診的最後一天，我們遇到了無良又貪腐的警察來搗亂。但，我們還是堅持完成今天的服務。七天下來，我們服務了近九千人，真的是「功德無量」，能利益那麼多的人，不是每一個人都有機會辦到的。這七天裡，我的中文翻譯進步了，我也學會了一些針灸手法。以此功德回向，明年的義診能順利、平安的去完成。

乘度 2018.11.14

來到沙彌學園三年了，從來沒有去過德里以外的地方。今年因為義診的關係，終於有機會出門到北方邦參學了。北方邦的文化和人民跟我的故鄉不同，很感謝有機會能認識和了解。

感謝師公和佛光山的因緣，讓我在這七天當中，學習到很多我從來沒有看過和學過的東西。同時，也感謝自己願意來參加義診，學習幫助別人，修菩薩道。希望將來還有機會去參加義診。

乘銘 2018.11.14

義診開始大排長龍
男女老幼都在其中
苦不堪言的民眾
各種病患 大小傷口
傷風感冒 腰骨疼痛
發熱發燒 疾病多種

愛心的醫師 勤勞的義工
天天看完千多民眾
早晨清醒 夜晚睡眠
整天忙碌 發揮多元
大片土地 寬廣世界
一條生命 雙手一對
不必糊里 不要糊塗
有心就做好 無心就不必
有緣就結好 無緣就散去
該來的一樣來
該走的一樣走
得到了 滿足就樂意
有緣了 珍惜就可以
別在意 別著急
七天義診無聲息的過去

留下美好回憶
等待未來出席
發揮更多意義

~ 乘中 2019.10.12

首先，我非常感謝常住和慧顯師父給我這個機會參加義診。我覺得像義診這樣的活動，能讓我親身體驗佛教「慈悲」的根本教義。透過義診，我們了解眾生的痛苦，幫助他們遠離疾病、延長壽命。所謂「未成佛道，先結人緣」，我們在義診的服務修行中，活在當下，非常認真的用「六根」來關心病人。「有緣千里來相會，無緣對面不相逢」，一到海德拉巴，我就覺得這裡的民眾很親切，見到我們時，大家的表情都是非常喜悅的。所以，我更要發心來服務更多的「有緣人」。這就是我參加義診的心態。

海德拉巴的環境很舒適，過去都是佛教徒佔大多數，可惜現在的海德拉巴人都忘了自己的信仰文化。佛教徒相信「因果報應」，所以懂得做好事；更相信「無常」，誰知道是「明天」先到，還是「死亡」先到呢？所以只要活著，就盡可能做善事。因為深信因果，所以不會說謊騙人、不會做惡事。所以，我們要堅持傳承佛教文化，我們要復興佛教。因為只有佛教才能帶領眾生在社會上做事。

這次的義診是由海德拉巴佛光協會會長 Balu 醫師，負責協調當地的一切事務。會長是土生土長的海德拉巴人，雖然今年六十四歲了，但他「廣結善緣」在社會做事的精神，仍然令人感動。在整個義診的過程中，會長積極、正面的面對所有突發情況，口中常說「好」、「可以」、「能」等，正能量的話語回應大家、鼓勵大家。我從會長身上看到在家眾信仰佛教的力量，我看到在家菩薩為推廣佛教到社會上所付出的努力。

〰 **乘宣** 2019.10.12

我今天早早起床後，就坐巴士前往機場。慧顯師父跟我們說過，這趟出門的目標是去學習，應該展開自己的六根，盡可能的去學。收起好玩的心，帶著一顆願意嘗試一切的心態，去點點滴滴的學習，才會學到新的知識。就像在機場過海關時，我們要準備很多資料；過了海關後，要怎麼走到我們航班的登機門等等，這些學習都很重要。

到了目的地海德拉巴，佛光會長 Balu 醫生來接我們，他向我們介紹了當地的文化、宗教等。之後，會長建議我們先安單休息，他要帶師父去看明天義診的場地。師父就回應會長說：「他們是來這裡學習的，不是來休息的。」對的，我們不要休息，我們要去學習。

〰乘敬 2019.10.12

今天會長來接我們的飛機，他向我們介紹南印度時說，印度在五十年後，會成為一個佛教國家。我當下感覺到，我不是口中說說的「好苗子」，而是真正的「好苗子」，如師公星雲大師對我們開示說的「印度佛教靠我們」。

很感謝常住給我這個機會，到南印度參加義診，我們都很期待要去幫忙翻譯。參加義診是一種學習，為了學習不要感到害怕或害羞。慧顯師父常常提醒我們要有學習的心，師公也說過「做什麼像什麼，千萬不可做什麼不像什麼」。所以，我們一定要做好自己的本份，才能愉快的圓滿我們的工作。

我在沙彌學園六年了，沙彌學園提供我們一切的知識。慧顯師父說我們是行菩薩道的出家人，我們要做一個千手千眼的菩薩、做一個有用的出家人，不做「呷教的和尚」，未來才能圓滿師公的心願，也就是復興印度佛教的使命。

乘相 2019.10.12

非常感謝常住給我一次機會參加慈善義診，這是我第一次參加，可以跟別人結善緣，我感到很高興。因為第一次下到南印度，不了解這裡的文化風俗，所以我就覺得很緊張。後來相處了才知道，這裡的人都彼此尊重，我就適應了。希望這次的義診能順利圓滿，希望我們可以跟更多人結善緣。

乘淨 2019.10.12

我們到海德拉巴後，會長 Balu 醫生給我們介紹說，真正的海德拉巴人只有現在人口的四成，有六成是外來人。會長認為佛教的思想影響這裡很深，所以這裡的人都很善良，但他們不知道他們正在過佛化的生活。會長還說，有一天印度的大眾一定會接受佛教的，因為只有佛教可靠。我想，這個工作就要交給我們來承擔了，因為弘法利生，本來就是出家人的本份事。

〰乘禪 2019.10.12

義診已經舉辦十年了，過去都是學長們去參加，這是義診團第一次到南印度，也是我們班同學第一次參加義診，所以我非常的期待。我很好奇在義診的時候，我們要做哪一些服務，所以就去請教學長。感謝學長很清楚的跟我分享他們的經驗，而且還給我看他們以前製作過的義診短片。感謝常住給我們這麼好的機會去學習幫忙別人，我們雖然還沒有很成熟，但是我們很有自信，一定能幫得上忙，讓師長為我們感到安慰。

我們今天很早就到機場，辦完手續後，就在機場用早餐。抵達南印度後，我覺得很高興，因為這裡的天空藍天白雲，空氣又好，這地方比德里還好。在機場等了一個小時後，巴士才到。用過午餐後，就隨會長 Balu 醫師，去看明天義診的場地，並討論義診的流程。回程時我因為不習慣坐巴士，所以暈車吐了，真慚愧自己福報不夠。

一切準備就緒後，慧顯師父提醒大家，來南印義診的使命和目的，希望大家懂得利用這次的機會，行菩薩道，認真做事。

乘恩 2019.10.12

世界上有許多人遭逢不幸，成為無依無靠的貧苦者。他們三餐不繼，衣物缺乏，有的人甚至染上了病。許多人開始認為自己在這個世界的大海中是孤獨的，沒有人幫助他們、照顧他們。由於貧窮，他們失去了生存的基本權利，好像生活在黑暗中，沒有任何希望的曙光。為了幫助他們意識到世界上仍然有人在關心他們，讓他們的生命看到希望的光明，沙彌學園舉辦了「慈善義診」活動。

這是我們第一次去南部義診，同時也是我第一次參加這個義診，我的內心法喜充滿。我們從小就在沙彌學園受到良好的佛教教育，知道自己的目標就是幫助無量無邊的眾生，這是一件非常美妙而功德無量的事情。我們將從這次義診中學到許多東西，這也是我們復興佛教的其中一步。

我希望這次的義診能夠平平安安、圓圓滿滿，讓每個人都有一個健康的身體。

乘中 2019.10.13

今天是義診的第一天，我被安排到男眾針灸室。因為我有一些學習針灸的經驗，所以我一點也不緊張，而這些知識和訓練都是沙彌學園給我的。我們的一生，就是「學習的人生」，要用菩薩「法門無量誓願學」的心態來學習。所謂「活到老，學不了」，我們要時時關注在自己的學習上，生活中不要離開學習。感謝師長們的栽培，讓我們受教育，成為有正見、有善根的人。慧顯師父更利用義診的活動，教育我們要自立，不要靠別人，遇到任何事時，要學習自己面對問題、解決問題。

我們將來在印度弘法時，也要學會堅持道心，不可以退道心。有了這樣的目標方向，生活才有義意和希望，才會快樂。

乘勤 2019.10.13

這是我第一次參加義診，能到南印度的海德拉巴服務眾生，這樣的機會是求之不得的，我感覺到自己是一個幸福的出家人。我雖然年紀「小」，但是我的心很「大」，我甚至有時想像師公星雲大師一樣，成為一個偉大的人間菩薩。

師公發心立願，建設了佛光山，不分貴賤的接引十方信徒。我要學習師公的精神，不要懶惰，好好學習、精進不懈，發心成為一個人間菩薩。

乘宣 2019.10.13

這是我第一次參加義診，我今天輪到看診室當中文翻譯。當地人講的是我們聽不懂的泰盧固語（Telugu），我們就向當地的義工學一些重要的句子，現學現賣的跟病患溝通起來了。我們正在學習菩薩救苦救難的精神，服務病人，讓眾生離苦得樂。

很多病患看完病要離開前，很感恩的說我們很棒，發心來服務這些窮人。甚至有些病患，會握我們的手去碰觸他們的額頭，以此來表達他對我們的感恩與感謝。我心想，我們現在幫助這些人的「身」，讓他們離開病苦。將來我們要用佛法，來治療他的「心」，讓他們究竟解脫。

乘敬 2019.10.13

人生在世，難免會生病。若生病了，就要想辦法治療。我們舉辦義診的目地，就是希望能夠幫助患了病，可是又沒辦法去治療的人。今天是義診的第一天，我們跟醫師和義工第一次見面。我負責在藥局幫忙，其他同學被分配到看診室和針灸室翻譯。一天下來，我們總共服務了一千多人次的病患，大家都很高興。希望每天都能跟這麼多人結善緣。

乘相 2019.10.13

今天是義診的第一天，我負責翻譯，其他同學各自到自己負責的崗位去了。我覺得很緊張，因為有些醫療專業名詞我不認識，所以沒有辦法正確的翻譯。醫師們不但包容我們，而且還會教導我們一些術語，所以我覺得我很有收穫。慧顯師父告訴我們說，為了達成學習，我們不可以覺得害羞，要有自信勇敢的講和做，別人才有機會指導我們。有了別人的指導，我們才能夠學到更多知識。我們不要怕學習，要怕今天沒有學習，而浪費掉寶貴的一分一秒。

乘淨 2019.10.13

我和乘敬每天負責協助布置藥局，一切就緒之後，我們就要輪流到看診室、針灸室和藥局去做翻譯的工作。今天是第一天，我布置過藥局後，忘了自己本來應該要去針灸室，卻到了看診室去翻譯。我沒有向慧顯師父報告，這是我的錯誤。我會從錯誤中學習，以後盡量不再犯同樣的錯誤。

乘擇 2019.10.13

很感謝常住、師長給我一個機會參加義診，學習服務別人。這樣的經驗很寶貴，我要好好把握。經云「諸福田中，看病福田第一」，我現在能有這個機會服務病人，所以我很滿足、很快樂。人人皆有佛性，都是未來的佛陀，我們每天應該想要怎麼幫助、怎麼利益這「未來佛」。即使沒有回饋，我們也應該不計較的，像觀音菩薩一樣去幫助一切眾生。

乘禪 2019.10.13

今天是義診的第一天，我們抵達目的地後，馬上把藥及針從巴士上卸到藥局。我發現到大家的眼睛都盯著我們看，他們肯定是對我們很好奇。當我們在手忙腳亂的布置場地時，有些村民主動加入幫忙。

一開始掛號時，因為村民不了解我們的流程，所以場面有些混亂。後來就慢慢的順暢了。我因為很投入工作，所以幾乎忘了要去上淨房，我看到其他的沙彌也像我一樣，幾乎沒有休息的在認真工作。

這裡的村民都講泰盧固語，跟我們無法溝通。我就想辦法認識一些，跟我年齡相仿的當地青少年，因為他們有上學，會講印地語和英語，所以我就請他們來協助我們翻譯。還好有他們的幫忙，讓我們的工作得以順利進行。感謝所有人的「集體創作」，我們今天才能服務一千零五十一人次的病患。

說也奇怪，我發心服務後，就沒有再暈車或嘔吐了，真好。

乘恩 2019.10.13

兩天的義診好像一眨眼就過去了，在這段時間裡，我們大家都努力地學習，克服困難、逆流而上，每個人都有進步。這次在南部辦的慈善義診，使我們從中了解到那裡的文化和生活現狀，當地人也開始認識和了解我們。

在義診中，我們一直平等地幫助病人，不管他們來自哪個宗教，在我們面前，大眾平等。我們沒有任何的分別心，大家看到我們的做法，都非常感動。

有一位全身痛了六年的回教婦女來看診，醫師為她針灸後，她的疼痛完全消失了，她也非常感動。她便回到家裡，把自己的丈夫和女兒也都帶來針灸，他們身上的疼痛也完全消失了。他們非常感恩的說：「你們讓我們在生命中看到希望，感受到這個世界上，真的有人關心我們這些貧苦者。」我們在慈善義診中服務和幫助他們，當地人感動得都快要流眼淚了。他們說：「我們是回教徒，但你們卻那麼平等地幫助我們，你們真的很慈悲。」

〰 乘中 2019.10.14

今天我被安排到看診室翻譯，我了解到眾生的病苦，我學會了怎麼關心病患。

慈悲有兩種：無緣大慈，同體大悲。「無緣大慈」是給予眾生福與樂，「同體大悲」是拔除眾生苦與難。慈悲就是「自他交換」，把眾生看成是自己，像愛自己一樣去關愛一切的眾生。

我在義診時看到有些人不尊重老人家，對他們不夠關心、不夠慈悲，我們千萬不可以這樣對待長輩。《涅槃經》說尊重父母、長輩的國家，他的人民將會生活幸福和平安。所以，我希望人人都尊重父母、長輩，這也是「慈悲」的一種修行。

〰 乘勤 2019.10.14

我們「集體創作」，不是一個人孤單的在工作；我們是一家人，一起完成使命，所以我們今天才會成功。集體創作就不會覺得累，也會節省時間。

我剛開始翻譯時會害怕，後來把心靜下來後，就能好好的發揮了。在義診裡，我學會很多醫療相關的知識，希望將來可以運用在生活當中。

有些人批評出家人沒有用，可是他們不知道，我們出家人有慈悲心，願意去幫助別人，是一個人間菩薩。感謝師公星雲大師，讓我在佛光山出家，培養我成為一個有用的出家人。

乘宣 2019.10.14

今天的義診在 Chegur 村，我被安排到針灸室幫忙。黃醫師教我認識針灸，他先在我的膝蓋上施針示範。我原本以為會很痛，可是竟然一點也不痛，因為他施針的方式很特別，不會讓人有疼痛感。

我覺得自己很幸福，不但可以學語言，還可以學武術、瑜伽、音樂和參加童軍和紅十字訓練等各種興趣與技能，這次又有機會學習針灸，我們沙彌的學習真的非常多樣又精彩，我相信我們的將來一定很光明、很有希望。

乘雄 2019.10.14

慧顯師父常鼓勵我們要努力學習，所以給我們機會參加義診，我一定要好好把握。這次要學習的內容包括翻譯、服務病患、認識針灸等，學問是學不完的，所以我更要一直不斷的學，慢慢的圓滿自己。

今天是義診的第二天，大家都很有精神。我覺得我們這個慈善義診，會讓貧窮的人很感動，因為我們都是真心來服務他們的。我在看診室遇到一個中風病人，我就上前去問候關心他，他竟然感動得掉下眼淚來。他說像他這種窮人，從來沒有人這樣關懷過他，而我們這群人卻這麼尊重他。後來，我看他行動那麼不方便，還去藥局幫他拿藥，不用他那麼辛苦的走動。

我自己也因此很感動，並發願要用心去幫助人、去服務窮人，讓他們身體比較康健、生活更加順心。

乘擇 2019.10.14

義診的第一天，我們就服務了一千零五十一人次的病患。我迫不及待的在想，不知道明天又會是怎樣的情況呢。感謝病患給我們機會服務他們，同時也讓我們在這個活動當中，彼此互動與協助，培養團隊合作精神。

我們每天看很多不同的病人，有時候會看到很恐怖的情況，讓人感到噁心。可是，將心比心，如果這情況發生在我身上，別人看到後，對我有噁心的感受，我又做何感想。所以，我把這種感受強忍下來，不要讓病患覺得心裡難受。

我曾聽過無著菩薩修道的故事。無著修彌勒法門，一心想見到彌勒菩薩，可是在山上苦修六年了，還是沒有見到菩薩，於是他便打算放棄修道。下山途中，彌勒菩薩變現成一個老太太，點化無著不要輕易放棄。無著便重新上山修行，如是經過兩、三次的考驗，最後一次當無著又退心下山時，他見到了一隻皮膚潰爛的狗，正在痛苦的被蛆蟲噬食。無著為了救這隻狗，又不想傷害到蛆，便切下自己身上一塊肉，再用舌頭把蛆接到肉塊上。正當他要這麼做時，彌勒菩薩就現身了，無著終於因為一念的慈悲見到菩薩了。

所以，慈悲才是最大的修行。

乘禪 2019.10.14

今天來幫忙翻譯的義工說他是佛教徒，還說以前這一區全是信仰佛教的。後來被異教徒殺害，佛教就滅亡了。幸存下來的人，都不敢說自己是佛教徒。現在，大部份的人都已經忘記了自己本來的信仰與文化。我告訴他有關沙彌學園的種種，他非常的感動。後來，慧顯師父給他結緣品，他就一直在感謝師父。我覺得他感動是因為他跟我們很相應，他今天一定會很開心的。

經過幾天的義診後，報紙每天都報導我們的新聞，慢慢的就有人認識我們了，他們會跟我們親切的打招呼。人是有智慧的，你對別人好，別人就會對你好。

乘中 2019.10.15

在看診室翻譯，要一心一意的發心，不能隨便亂翻，要細心的注意聽病患的問題，然後如實的跟醫師說。同時，也要用慈悲的心態來對待病患，希望他們能藥到病除，獲得健康。大家都很用心做事，這樣才能真正幫到病人。所以，在義診做事的菩薩們都很滿足和歡喜。

乘勤 2019.10.15

今天我在看診室協助翻譯時，遇見了一對有精神疾病的夫婦，我心裡很難過，覺得他們很可憐。帶他們來看診的老奶奶說，這對夫婦的生活也很困苦。老奶奶很感謝我們年紀這麼小，就懂得來服務眾生，她希望我們明年能再來為他們服務。我很感動她能這樣相信我們。

我覺得我們是很有福報的人，因為有機會學習各種知識。希望我能記住這些知識，將來能把所學，用在日常生活當中。這次的義診，我學習了針灸、按摩、配藥和量血壓，所以我很高興。

感謝師公和常住給我這個機會學習和幫助別人，我今天過得很快樂。

乘宣 2019.10.15

我今天輪到看診室翻譯，可是我卻很想留在針灸室幫忙。我知道我不應該有分別心，不管輪到哪裡，都應該一心一意的把工作給做好。其實，在看診室能學到很多醫療知識，今天我就學到如何透過觀看舌頭、眼睛、皮膚和臉部來看診。

我發現到這邊的老奶奶，都有脖子痛的問題。因為他們的頭上，戴滿了很重的銀器裝飾品。醫師要我建議她們不要戴那麼多、那麼重，可是那些老奶奶說不能不戴，因為這是她們的文化。對她們來說，遵從文化第一，自己的身體健康第二。

乘敬 2019.10.15

昨天我輪到針灸室幫忙，醫師教我認識針灸。今天我到看診室負責翻譯時，看到一個很奇怪的病人，我覺得很可怕。可是，負責看診的楊醫師還是很慈悲的對待他。我看到了醫師的「平等心」，不管病患是什麼人，我們應該用同樣的慈悲心去對待他，因為大家都是未來佛。我很感謝楊醫師，她為我上了一堂課。

〰 **乘淨** 2019.10.15

我們每年舉辦義診，我認為有兩個目的。第一是為了要跟眾生結緣，第二是為了沙彌教育，要讓沙彌透過參加義診，見識世界。

我們為病人看病，把他的病治好了，他就感到很滿足。其實，滿足他人的願望，就是在滿足自己的願望。因為醫師能治好病人的病，就證明自己的醫術很好，這樣自己就會感到很滿足。

今天來看診的病患，大多不會講印地語，只講當地的泰盧固語，幸好有當地的義工來幫忙我們翻譯，否則就無法繼續服務下去了。感謝病患願意給我們一個機會為他們看病。

〰 **乘雄** 2019.10.15

今天我看到醫師們在針灸，我心裡迫不及待的想學。可惜我性格內向，不敢開口請醫師教我，就只好在一邊靜靜的觀看。後來在用午餐時，我就問乘中說，他昨天是怎麼學習針灸知識的。乘中告訴我說：「我請教醫師，他們就教我了。如果你不敢開口請教的話，你就什麼也學不到了」。很感謝乘中讓我知道「學習」是不可以害羞的、「學習」是要勇敢發問的。之後，我就提起勇氣請教醫師，我終於有機會學到針灸知識了。

乘擇 2019.10.15

今天有一個膝蓋痛了六年的老人來看診，他很窮，沒錢買藥，所以只好每天忍耐著過日子。他很高興我們能為他治病，又給他藥吃。為了表達心中的感恩，他起身向我頂禮，我不敢當，只希望他服了我們的藥後，病痛趕快好起來。

另外，有一個青年來看病，我覺得他剛喝過酒，可是他不承認。後來在醫師的追問下，他終於承認了。醫師叫他禁酒兩個星期，可是他說他沒辦法一天無酒。我覺得眾生很顛倒，寧可「忍病痛」也不願意「忍酒」，知錯而不能改，不就是自己害自己嗎。不能戒酒，那麼他的病也不可能會好。這就是「如是因，如是果」。

乘中 2019.10.16

我非常感謝病患願意來義診讓我們看病，給我機會為他們服務，增加我的慈悲。在慧顯師父的帶領之下，一切都是為我們的學習進步來安排。因為師父的努力協調，義診才能成功舉辦，進而幫助了很多病人，同時還在沙彌教育上幫助了我們。所以，我要用心，努力的學習，才不會辜負師父的努力。

參加義診後，才了解到世上有各種奇怪的病，我特別體會到，人的一生就是充滿了各種痛苦。我們很幸福能有健康的身體，可以在佛光山出家，應該要珍惜生命，努力、用心學佛，以期將來能報答常住的恩德。

乘勤 2019.10.16

今天是義診的第四天了，我覺得時間過得非常的快，還沒來得及多學一點，時間就這樣溜走了。

我在看診室遇到三位病患，他們告訴我說，從來沒有人對他們這麼慈悲，從來沒有人這樣熱心的服務他們。所以，他們很感謝我們，希望我們明年能再度到海德拉巴來義診。

海德拉巴過去大部份人口信仰佛教，回教入侵後，佛寺被毀、僧眾被殺，所以現在很少佛教徒。我們要發願好好的學習佛法，以期將來能復興印度的佛教。

〰 **乘宣** 2019.10.16

我今天也負責翻譯。因為大部分的病人都有著類似的病，所以我們就一直重複翻譯一樣的句子，我覺得翻譯很煩、很討厭。其實出發前，過去參加過義診的學長，就有告訴過我們說，翻譯的時候要耐煩，服務的時候要有一顆菩薩心。我對自己的不耐煩，感到很慚愧。

我們今天服務了一千兩百七十八人次的病患，比昨天的人次還多，大家都很高興。

〰 **乘相** 2019.10.16

今天我輪到針灸室，我覺得很期待，因為我可以學習認識針灸。針灸室很多病人都是膝蓋痛的毛病，醫師為病人出針時，就要一直彎腰蹲下來，我也跟著彎腰蹲下來，一天下來，我的腰部就開始痠痛了，但是我沒有打退堂鼓，還是繼續很認真的堅持工作到義診結束。當天，我們服務了一千七百五十六人次的病患，是十年義診以來，單日看診人數最多的一次。

過去很多祖師大德，在弘法的過程當中，就是靠一個「堅持」不放棄，最後才得到成功。像玄奘大師，要從中國到印度取經，遇到很多困難和災難。但他勇敢面對那些困難和災難，從來沒有放棄，最後他成功了，受到後世萬人的敬仰。

乘雄 2019.10.16

我今天在藥局服務時，站了一整天，我感覺到我的腿無比痠痛。當時我很想要坐下來休息一下，可是我又想到繼續服務病人，比坐下來休息更有意義。況且，參加義診是個很難得的機會，我怎麼不能忍耐一下呢？幫助別人的機會不是每天都有的，所以我決定不管自己有多痛苦，還是不舒服，我仍然要堅持為病人服務。

我們今天總共服務了一千二百七十八人次的病患，大家都很開心，因為「救人一命勝造七級浮屠」。

乘擇 2019.10.16

今天有一個不能走路的小孩來看診，我按著他的上身，讓醫師給他按摩。他可能太痛了，就尿出來，還尿到我的手上。即使這樣，我還是沒有鬆手，因為我要讓醫師給他多按摩一下，希望他能快點好起來。想到他年紀這麼小就不能走路，未來怎麼找工作、怎麼生活？他未來整個生命，都要靠別人才能活下去，世間實在很苦。不知道他過去造作了什麼惡業，這一輩子要受這樣的果報。

有健康的身體，又能在佛光山出家，我覺得自己很有福報，所以更要趕快實踐師公說的「三好」，為人服務，種善因才會得善果。

乘恩 2019.10.16

今天我在藥局發藥不是很順利，因為病人都在講泰盧固語，而且他們的名字也很難讀。幸好有一位當地的義工來幫忙翻譯，後來工作才能順利一些。我就順便請他教我泰盧固語，學了幾句後，我現學現賣，果然方便許多。可見語言有多麼重要。

我們在義診中奉行師公的「四給」：我們的服務品質和態度能「給人信心」，平等的對待所有病患是「給人歡喜」，講當地的語言是「給人方便」，治好病患的病就是「給人希望」。

乘中 2019.10.17

感謝中醫師們願意來印度救苦救難，做善事服務病人。我看到他們的發心和歡喜，盡自己所能，來幫助一切的病人，就像菩薩一樣，用大慈悲心來做事。中醫師們用「自他平等」的態度，來服務一切病人，增加自己的福報和道心。這樣的生命，非常有價值。

乘勤 2019.10.17

今天是第五天了，大家在一起工作，工作就變得輕鬆，而且很快就能完成。我身體雖然有點累，可是我心裡卻覺得很高興，因為我們已經服務很多病患了。幫助別人，其實就是在幫助自己；對別人慈悲，才有未來的好人緣；養成給人歡喜的習慣，自己才會最歡喜。

很感謝自己選擇了出家這條路，因為出家的生活是清淨的生活。

乘淨 20192.10.17

發菩提心的人要「念念上求佛道，心心下化眾生」。我們是大乘行者，更是要「為度一切眾，廣學一切法」。義診的每一分、每一秒，我們都用「菩提心」去度眾生，用慈悲與愛的方式去幫忙眾生，讓眾生能歡喜。

發了菩提心後，不能退失菩提心，即使是把燒熱的鐵，放在你的頭上寧可忍受這樣的病苦，也不要退失菩提心。菩提心就像一盞燈，不但照亮自己的，同時也照亮別人。義診就是用這盞「菩提燈」照亮病患，慈悲的護念他們。

乘擇 2019.10.17

醫師們在看診時，會帶一些糖果或巧克力在身上，這是為了哄哭鬧的小病患而準備的。有個十四歲左右的少年，在看診室向我要巧克力要不到，趁大家不注意時就到藥局去偷。後來被我發現，他沒有偷到就逃跑了。那少年其實很值得同情，他因為貧窮，所以才要去偷。而反觀我們沙彌就很有福報，可以安住身心的在沙彌學園讀書。後來，醫師給我的巧克力，我全部送給來看診的小孩子吃，讓他們高興。

我只有七天的時間可以幫忙這些人，我要珍惜時間好好的幫忙他們，下次是否還有機會再來就不一定了。

乘中 2019.10.18

義診第六天，我被安排到藥局服務。一開始，我不了解藥局的工作內容，半天下來後，我就熟悉了。人，只要用心做、決心做，就沒有什麼事情是做不到的。所謂「天下無難事，只怕有心人」，做任何事，只要一心一意的做，就沒有做不到的；只要相信自己能辦到，就沒有辦不成的。

這裡的病人都很聽話、很有規矩的排隊等候看診。他們都在實踐師公「四給」中的「給人歡喜」和「給人方便」，我很感謝他們。

乘雄 2019.10.18

今天有很多人來看診，可是他們只會講方言，不會講印地語，更不會講英語，而我們又聽不懂他們的方言。正在苦惱不知怎麼辦時，還好有一群老師過來幫忙翻譯，他們就像菩薩一樣發心來做善事，讓我們可以順利的繼續為病人看診，我心裡很感謝他們。最後我們以一千七百六十七人次圓滿了這一天的慈善義診。

感謝會長 Balu 醫師，協調當地的資源；感謝醫師和義工們，不辭千里的來印度，為病患提供最好的服務；還要感謝沙彌同學的投入和眾多的好因緣的幫忙，我們才能完成義診的使命。願以此義診功德，回向他們平安健康。

乘擇 2019.10.18

每次到了午餐時，就會有一個老奶奶來問我吃飯了沒。我並不認識她，但她卻如此關心我，她的關懷令我感動。我要用吃飯前念的「四句偈」回向給她，希望她也能得到「慈悲喜捨」的功德。

乘恩 2019.10.18

今天有一個部落老奶奶來看診，她一身傳統服飾，很是好看。她們的祖先是從拉賈斯坦邦到安德拉邦來的，有自己的語言，身上穿戴手飾都是自己動手做的。至今，她們仍然遵循著祖先的生活方式和文化。但是，新一代年輕人，就漸漸的不重視自己的文化了。民族文化應該要一代又一代的人去繼承，否則就會斷層消失。

乘中 2019.10.19

今天是義診的最後一天，我們堅持到底的圓滿完成了這場義診，我的心情很滿足和歡喜。這七天當中，我們服務了八千兩百多人，大家都盡自己的本份，幫助所有的病患，所謂「救人一命，勝造七級浮屠」，大家的功德無量。希望我們沙彌更用心的學習，下次再有機會幫助別人時，就能幫助更多的人。

我要感謝佛光山常住及沙彌學園師長們，給我出家的因緣，我才有這次的機會修善業、結善緣。也要感謝中醫們和義工們，願意來參加這次的義診，幫助病人。所謂「人人為我，我為人人」，幫助一切眾生的同時，增加了自己的福報和功德。

大家選擇了這條「救苦救難」的路，就不可以打退堂鼓，要堅持走到底，發菩提心，行菩薩道，勇往直前。

乘敬 2019.10.19

我們義診的活動，被當地的報紙報導了。大家對漢傳佛教的僧服沒概念，誤稱我們為醫師。如果將來我們當中，有沙彌真的成為醫師，這也是弘法的大方便。

今天是義診的最後一天，我們把握機會多看幾個病患，希望能幫助更多的人。七天下來我們總共服務了八千三百人次，大家為此感到很高興，七天的努力，換來現在的法喜無比。是我們的努力，讓自己的生命變得光明。

今天又是有意義的一天，又是一個善的「一步一腳印」。

乘相 2019.10.19

義診每天都會發生一些小問題，這是很難避免的，重點是要學習怎麼「解決問題」。同時，我也感覺到要做善事很難，會有很多考驗。所以，感謝所有的因緣，讓這次的義診圓滿完成。感謝從國外來到印度義診的醫師和義工們，沒有你們義診是不可能舉辦的。最後，感謝自己來到沙彌學園，才有因緣學習很多在家裡學不到的東西。

乘淨 2019.10.19

今天是義診的第六天，大家已經很勤勞的工作了五天，身體應該都累了吧。但，大家的心一定不累。因為我們要堅持我們的使命，所以再累也要撐著。

在義診可以看到千奇百怪的病人，有些還是很嚴重的，我覺得世界上沒有什麼比生病更可怕的了。透過義診，我了解到世間的病苦，而且這個苦是來自我們的身體，正所謂「吾有大患，因吾有身」就是這樣的意思。

今天下午來了一位爛腳的病人，他雖然不方便，但他依然工作，照常生活。我就想到我自己六根具足，沒有障礙，我應該更要發心的工作，用師公星雲大師的「四給」來圓滿我這次的義診。

〰 乘擇 2019.10.19

今天是義診的最後一天，大家依然很精神的為病患服務，就像第一天一樣。因為前兩天下雨了，所以今天比較多感冒和咳嗽的病人。這裡有很多還住在山林的原住民，他們比較沒有受教育。生病了，就在山裡採一些藥草來吃，所以病也比較不容易好。還好這次有我們的義診，他們的病就比較快好起來。

除了幫醫師翻譯，我也藉此機會勸告這些病患，要讓他們的小孩受教育。因為，唯有教育能改變貧窮、改善生活。

乘禪 2019.10.19

今天是義診的最後一天，前往目的地的路，比前面六天的更差、更難走。雖然路途遙遠，今天還是來了一千多人。有位中風的奶奶，已經兩年沒法走動了，他的家人帶他來看病。經過兩位醫師的針灸後，手腳稍微靈活了一些，醫師說如果讓奶奶每天運動，她慢慢的就能走路了，家屬非常讚嘆。另外，有個義工帶他父親來針灸後，肩膀和膝蓋就不痛了，他讚美我們是一群好人。

乘敬 2019.10.20

義診圓滿後，我們到「佛陀園區」參訪。看到主塔建得那麼大，感覺真好，佛教在印度還能有這樣的發展。未來，我也發心要在印度建寺，在印度推廣佛陀的偉大，落實師公復興印度佛教的心願。讓師公及師長們，為我們這群沙彌感到欣慰。

〰 乘禪 2019.10.20

義診圓滿結束了，大家的臉上都是滿足的笑容。醫師和義工放下自己的工作，從外國來印度義診，實在很偉大。祝福大家平平安安的回到自己的家。

慧顯師父希望我們多了解、多學習，所以最後兩天安排我們去參訪，其中我最喜歡的就是 Golkonda 城堡。雖然天公不作美下雨了，但我們還是決定把握機會上去參觀。這是一個用石頭堆砌的城堡，下雨就會路滑。到了最高處，我們雖然全身都淋濕了，但還是非常開心。

義診的這幾天我很高興，因為我做好事、幫助別人。同時，我也學習了很多東西，能有這樣的機會，真的很幸福。

〰 乘恩 2019.10.22

義診要「集體創作」才能完成，很感謝每一位參與的醫師、義工和沙彌們的真心付出，圓滿了一場又一場的義診，我們真的在「廣結善緣」。有這個千載難逢的機會參加義診，心裡充滿喜悅。希望明年的義診，大家更努力來服務貧困的眾生。

我思故我在，我思故我寫。一篇篇「沙彌日記」讀來，不得不佩服小小年紀的沙彌，能將義診的情境，仔細思考並融入六波羅蜜的修行中。可見沙彌學園的教育是成功的，未來教養出學養兼備，文武雙全的新一代僧伽，指日可待。

乘信的「沙彌日記」中寫著：「這個世界上，真的無奇不有。我體悟到『天堂』和『地獄』，其實是在『人間』！」這句話是所有沙彌從義診這震撼教育中，學習到佛所說「八苦」的實相。這使命必達的義診，沙彌學到的不僅是慈悲，更見識了人生的真相和佛法的真理，更加激發他們服務大眾的心，修道的心更堅定、更精進。

沙彌在義診的戶外教學上的學習最重要的是「團隊合作」，一起出門、一起吃飯、一起整理東西、一起收拾場地，所有事共同完成、相互支援，十五、十六歲的孩子能做到這些，非常不容易！

看著沙彌們一天天長大，但願他們菩提道念日益增勝，發長遠心立堅

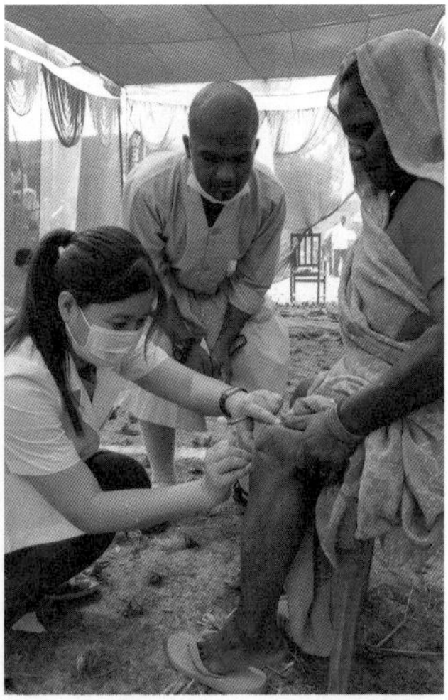

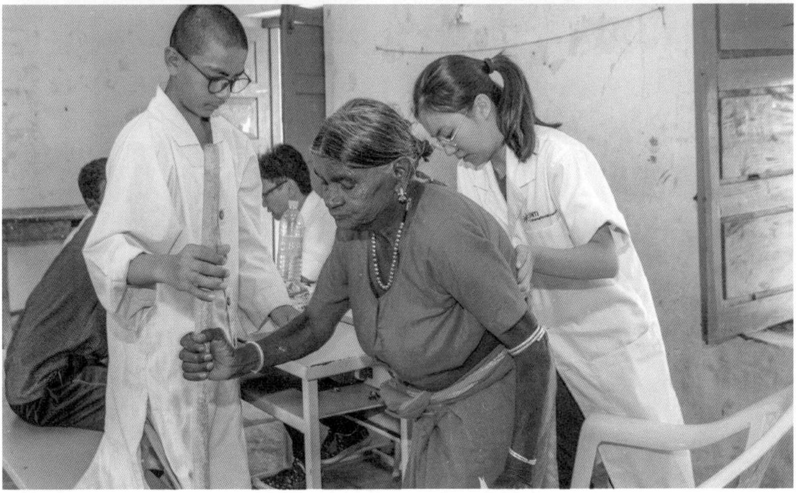

定願，他日成為青年比丘時，再回到印度，勢必能將釋迦牟尼佛的微妙法義，再度弘揚，復興印度佛教。

跋山涉水見證慈悲的腳印。走在佛陀的故鄉，看著一張張候診的期盼臉孔，醫師在針與藥之間感受佛陀的慈心悲願，盡一份微不足道的棉力減輕患者的痛苦，有的義無反顧、有的義不容辭，在一襲襲白袍身影中，彷彿看到一抹佛影……但彼此內心明白，他們不是英雄，是人間佛教的行者。

慈善義診
FREE MEDICAL CAMP

佛光山新德里文教中心
FO GUANG SHAN BUDDHIST TEMPLE TRUST, NEW DELHI, INDIA
慈善義診
FREE MEDICAL CAMP

義診場次	受益人數	醫護人員人數	外國義工	沙彌人數	本地義工人次
8	1000	8	32	-	48
2	400	4	4	-	30
6	3500	13	10	-	100
4	1000	7	19	-	25
5	2000	10	8	-	40
5	2600	13	4	5	50
6	4000	8	6	-	80
6	2500	12	7	-	45
6	7000	12	8	-	70
6	6500	12	5	14	65
6	5858	13	6	13	75
9	3000	14	7	11	45
7	7717	19	5	17	90
7	9000	20	5	17	90
7	8300	18	7	10	85
90	67,075	183	133	87	928

資料來源：佛光山印度沙彌學園

2009~2019 印度德里文教中心義診統計

年分	日期	國家	地點		
			省	縣	村
2009	6 月 10~18	印度	喜馬偕爾邦	Spiti	Kee
2010	2 月 17~18	印度	德里		德里大學
	4 月 22~29	尼泊爾	加德滿都		Balambu
	7 月 5~15	印度	克什米爾省	拉達克	Padum Raru Zangla
2011	3 月 1~5	印度	北方邦		Tibetiya Baraipur Kachhpura
2012	3 月 13~17	印度	北方邦		Sankisa Baraipur Rupapur Jaitiya-bag Kachhpura
	7 月 19~27	印度	比哈省	菩提伽耶	Gurpa Kanchanpur Bahga Murobihga Mubarachak
	11 月 1~6	印度	比哈省		
2013	11 月 21~27	印度	比哈省		Betiah
2014	11 月 4~9	印度	北方邦		Etah, Sankisa Kannauj Farukhabad Hardoi Mainpuri
2015	10 月 30~11 月 4	印度	拉賈斯坦邦		Jaipur Dausa Chaksu Sanganer Virat Nagar
2016	11 月 4~9 日	印度	北阿坎德邦		Ason Bohala Mandelshera Kathpurchhiba Sainj Kafligair Kabhara Bauri Dadochhina
2017	11 月 5~11	印度	北方邦		Sankisha Rupapur Merapur Chaddami Bilpur Aliganj Emeliya Dugawali
2018	11 月 5~11	印度	北方邦		Musajhag Saidpur Gudana Sahaswan Sarjuddhi Nagla Baramal Dev Katra Sadatganj Simrra Bhojpur
2019	10 月 12~21	印度	泰蘭加那州		Chowdariguda Chegur Ippalapally Keshampet Chinchode Mogaligidda Mamidipalli

發心可以饒益有情而生歡喜心 感謝眾緣成就

謝忱

2012~2019 參與印度中醫義診醫師及義工

醫師

石長啓、周秀英、陳薇竹、王妤佩、張德福、黃志輝、黃子軒、謝冠洲、黃遲燕、鄭靜霞、林士瑋、劉啓忠、郭思遠、何銀英、黃素萍、葉玉媚、周倩如、方綉英、陳文發、劉欣蓉、林程國、朱桓霈、黃佩詩、詹瑞珍、吕茗敬、張淨園、楊玉嬪、鄭淑梅、葉淑霞、杜文杰、周素蓮、江德強、王秀秀、林福才、張紹提、范馨雯、徐昕瑜、張潔瑩、梁雯珺、蔡妙婷、葉盈盈、饒杜元、莊源芳、廖小慧。

義工

厚降法師、鄭利同、王妍琇、賴瑞金、李桂芳、王靜宜、林麗悅、周玥鳳、蘇淑雅、蘇韶毓、林珊羽、蔡淑娥、黃榮華、李運珠。

隔離線外的風景

沙彌日記 5

合　　著　佛光山印度沙彌學園、林少雯
監　　製　佛光山印度沙彌學園

發 行 人　慈容法師
執 行 長　妙蘊法師
總 編 輯　賴瀅如
主　　編　田美玲
編　　輯　蔡惠琪
美術設計　林紫婕
照片提供　佛光山印度沙彌學園

出版・發行　香海文化事業有限公司
地　　址　241 新北市三重區三和路三段 117 號 6 樓
　　　　　110 臺北市信義區松隆路 327 號 9 樓
電　　話　（02）2971-6868
傳　　真　（02）2971-6577
香海悅讀網　www.gandha.com.tw
電子信箱　blaldelhi@gmail.com　gandha@gandha.com.tw
劃撥帳號　19110467
戶　　名　香海文化事業有限公司

定　　價　新臺幣 340 元
出　　版　2020 年 1 月初版一刷
I S B N　978-986-97968-2-8
建議分類　紀實｜勵志｜義工｜翻轉教育

總 經 銷　時報文化出版企業股份有限公司
地　　址　333 桃園縣龜山鄉萬壽路二段 351 號
電　　話　（02）2306-6842

法律顧問　舒建中、毛英富
登 記 證　局版北市業字第 1107 號

國家圖書館出版品預行編目（CIP）資料

隔離線外的風景／佛光山印度沙彌學園、林少雯合著 .-- 初版 .-- 新北市：香海文化 ,2020.01
ISBN 978-986-97968-2-8（平裝）
547.16　　108016195

創 辦 人　星雲大師
發 行 人　慈惠法師
中心主任　慧顯法師

印度佛光文化出版有限公司

First Edition, New Delhi 2019
Co-published by Buddha Light Art and Living Private Limited and Gandha Samudra Cuture Company

Buddha Light Art and Living Private Limited
F-1, 1st floor, Malhan Falcon Plaza,
Plot No.4, Pocket-7, Sector-12, Dwarka
New Delhi - 110075
E-mail: blalindia@gmail.com , fgshuixian@gmail.com

₹ 800